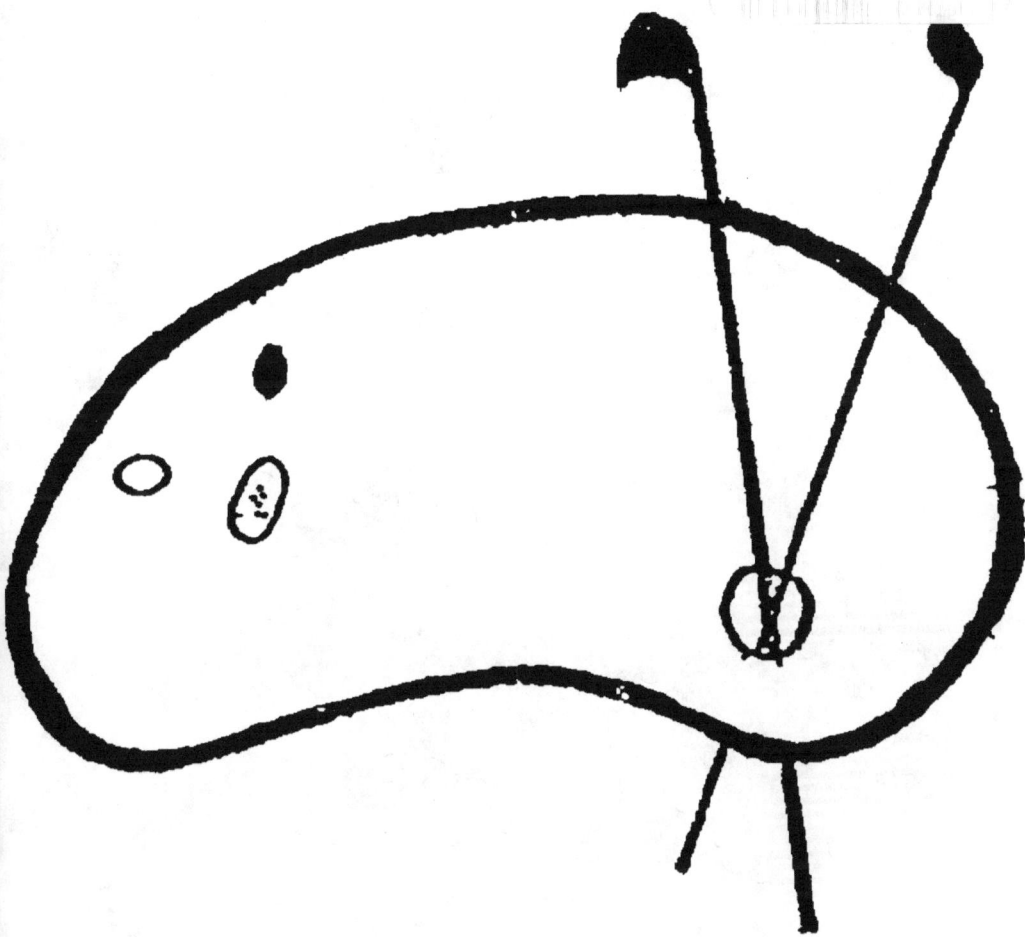

DEBUT D'UNE SERIE DE DOCUMENTS
EN COULEUR

217

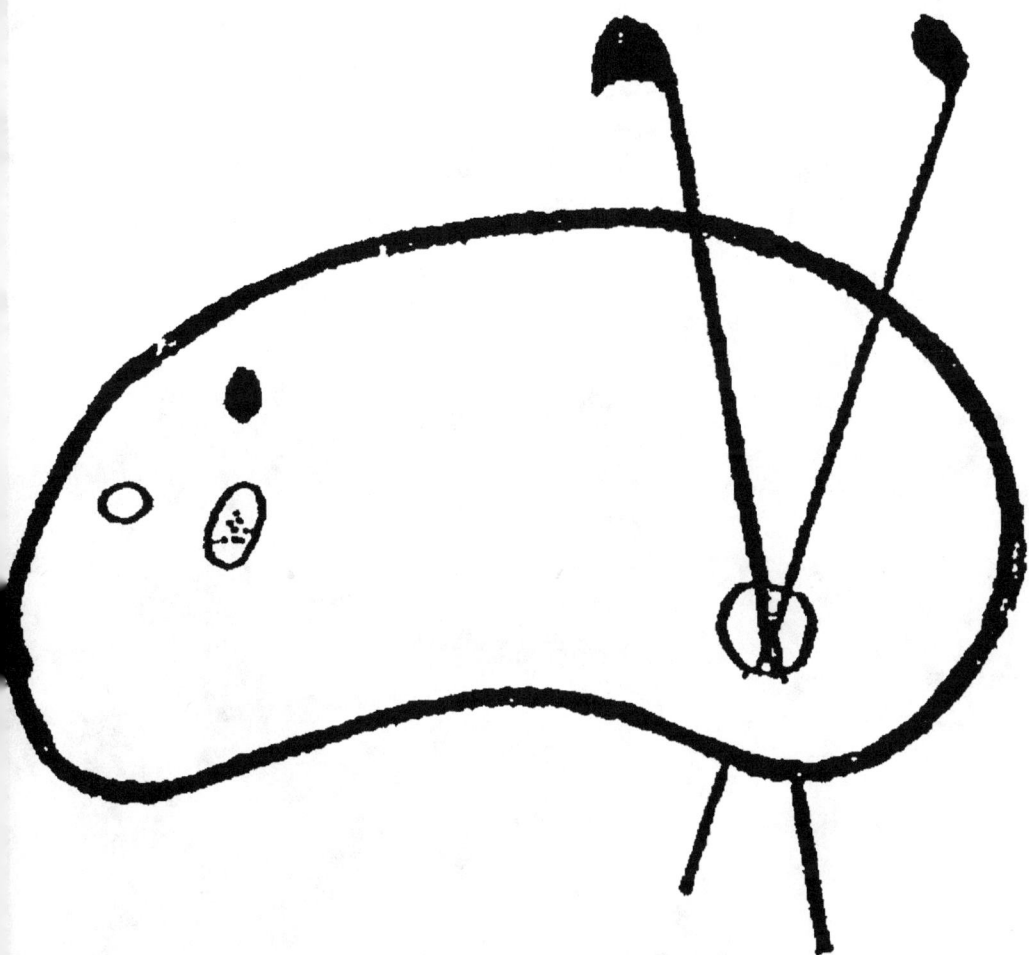

FIN D'UNE SERIE DE DOCUMENTS
EN COULEUR

DEVOIRS DES HOMMES

2ᵉ SÉRIE PETIT IN-8ᵒ.

SILVIO PELLICO

DES DEVOIRS

DES HOMMES

DISCOURS A UN JEUNE HOMME

LIMOGES

EUGÈNE ARDANT ET Cⁱᵉ, ÉDITEURS.

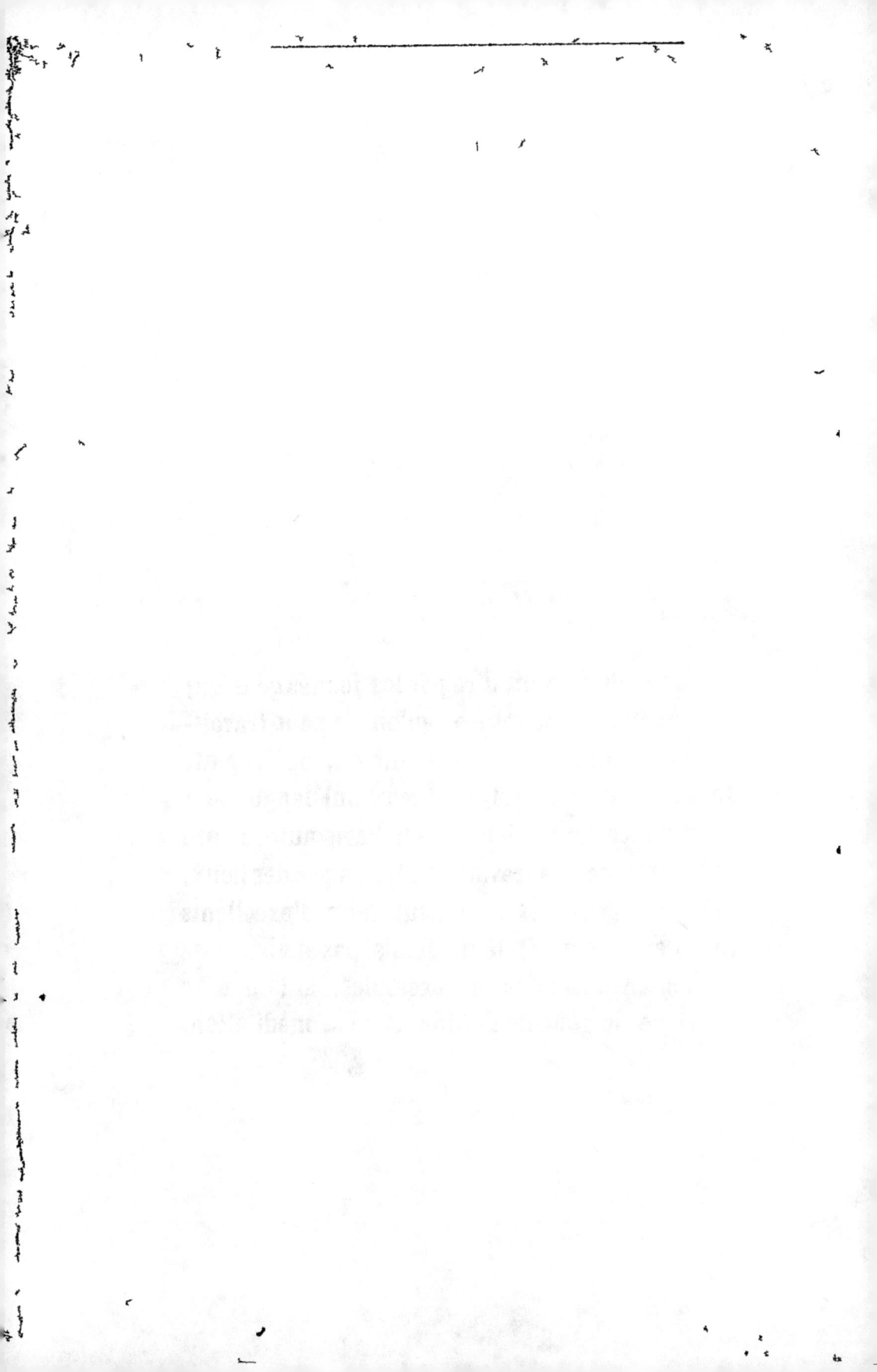

SILVIO PELLICO

DES DEVOIRS

J'entends souvent dire par les jeunes gens qui se vouent à la littérature, qu'on ne peut travailler qu'à Paris. En province, dit-on, on languit. Je crois, quant à moi, que ceux qui languissent en province ne feraient pas à Paris autre chose que s'amuser. Le travail ne dépend pas des lieux, mais des goûts, et l'on peut faire d'excellents livres en province ; je ne serais pas embarrassé d'en citer de nombreux exemples, si l'on a en province le goût de l'étude et de la méditation.

DEBUT DE PAGINATION

Je dirai même que les livres faits en province ont
en général un calme et une sérénité d'esprit qui
me les rend particulièrement précieux, par le
temps qui court. Pour cela, il est vrai, il faut que
l'auteur de la province ne se pique pas d'imiter
mal à propos le ton et l'esprit de Paris : je dis le
ton du jour et l'esprit du moment, car je crois
que c'est à Paris que l'esprit français finit toujours par prendre sa plus vive expression et sa
plus fidèle image, mais il lui faut du temps pour
cela. Le vrai Paris n'est jamais le Paris du jour
et de la semaine; le vrai Paris, c'est celui de
l'année, celui qui se corrige de ses ridicules, qui
se déprend de ses engouements, et qui arrive au
bon goût par le rapide désenchantement de ses
fantaisies. Voilà le Paris qu'il faut connaître,
qu'il faut imiter, et qu'on peut fort aisément
connaître et imiter en province. Je ne prétends
pas en effet que l'homme qui, en province, aime
l'étude et la littérature, doive s'abstenir de Paris
comme on s'abstient d'un lieu pestiféré. Il est
bon de venir à Paris, mais il n'est pas bon d'y
rester. Je crois le travail plus facile et plus doux
en province. L'esprit y fermente moins ; la raison

s'y retrouve mieux. Comme la vie en province est plus stérile et moins aventureuse qu'à Paris, l'écrivain n'y est pas excité à chercher le paradoxe ; rien ne l'y pousse. Le paradoxe dans la littérature et l'aventure dans la vie tiennent de près l'un et l'autre. J'ajoute qu'en province l'homme est toujours connu avant l'écrivain ; cela fait qu'en province l'écrivain ne peut pas surfaire l'homme. A Paris, on se figure l'homme d'après le livre : grande cause d'erreurs, grande source de charlatanisme. En province, ces duperies ne sont pas possibles. L'écrivain ne peut pas se draper en Titan et l'homme vivre en bon bourgeois. Il faut que l'écrivain ait la même allure que l'homme. De là une vérité qui a toutes sortes d'avantages, même pour la littérature. C'est en province surtout que le style ou l'ouvrage est l'homme.

Ces réflexions me sont naturellement inspirées par l'œuvre que j'ai sous les yeux. C'est une traduction de Silvio Pellico, de ses *Mémoires* d'abord et de son *Discours sur les Devoirs*. C'est à ce dernier ouvrage que je veux m'attacher. M. Lezaud, le nouveau traducteur de Pellico, vit en province, et c'est en province qu'il a fait ses ouvrages. Ces ouvrages le préparaient fort bien à traduire les *Devoirs* de Pellico. M. Lezaud, en effet, a étudié avec soin les moralistes anciens, Platon, Aristote, Cicéron, et il a publié sur la politique de ces grands hommes des résumés excellents, où il juge avec grande fermeté d'esprit et une grande justesse de sens la doctrine de ces grands esprits, ne faisant grâce à aucune de leurs erreurs, quand bien même ces erreurs auraient quelque parenté avec les nôtres. Il a de même résumé et jugé les philosophes modernes, ceux surtout qui ont plus particulièrement traité de la politique et de la morale, Hobbes, Locke, Helvétius, Rousseau ; et là il a eu encore plus à faire pour séparer la vérité de l'erreur. M. Lezaud a fait un triage avec sûreté et simplicité, et j'aime beaucoup sa méthode, qui consiste bien plus à montrer l'erreur qu'à plaider pour la vérité. Il réduit le sophisme à sa plus simple expression, et de cette manière il le rend sensible à tous les yeux. Une fois le sophisme réduit à ce qu'il est, M. Lezaud ne s'inquiète plus de le combattre ou d'y opposer la

vérité. Il le croit perdu dès qu'il est montré.
Cette méthode simple et grave témoigne d'une
sérénité d'idées et de sentiments qui sent la province. On voit que M. Lezaud n'a pas cette in-
quiétude et cette anxiété d'esprit que donne le
commerce perpétuel et inévitable avec les théories
douteuses, les utopies équivoques, les intentions
compliquées et mobiles qui abondent dans la vie
de Paris. Il est d'une province où le mal existe
comme ailleurs, assurément; mais il croit que
le mal est le mal, et qu'il faut combattre hardi-
ment, d'un côté par la répression des lois, de
l'autre par l'autorité des bons exemples. Voilà
les saines inspirations qu'il trouve en lui et auprès
de lui.

Les œuvres de Pellico expriment une grande
sérénité d'esprit et l'inspirent. Son *Discours sur
les Devoirs* n'est point un traité scientifique;
Pellico ne cherche pas, comme le font les philosophes, quel est le principe de la morale. Il prend
la morale telle qu'elle est dans l'Evangile et telle
qu'elle est dans les préceptes de la sagesse
antique, et il exhorte l'homme à remplir les devoirs que lui prescrivent les lois de Dieu et des

hommes. Rien dans le livre de Pellico ne sent la
métaphysique; rien ne sent l'esprit de recherche
et de raffinement. C'est une exhortation simple et
chaleureuse; mais cette exhortation n'a rien de
vague et de banal, parce qu'elle s'adresse d'une
façon particulière aux hommes de notre temps,
quoiqu'elle exprime des vérités de tous les temps.
Ce qui marque la date des moralistes, c'est l'espèce de vices qu'ils combattent; car, bien que
l'humanité ait toujours les mêmes vices, elle
change pourtant, selon les temps, de préférence
entre les vices. Il y a des temps qui mettent l'orgueil au premier rang; d'autres y mettent l'hypocrisie. L'ordre de préséance des péchés capitaux
varie ainsi fort agréablement dans l'histoire de
l'humanité. Or c'est d'après cet ordre de préséance qu'on sait reconnaître la date des moralistes.
A voir les vices que combat Pellico, à voir les
vertus qu'il conseille, Pellico est tout à fait un
homme de nos jours.

Je parlais de la sérénité d'esprit et de cœur
qu'on sent dans les *Devoirs* de Pellico. C'est une
sérénité retrouvée, et c'est par là qu'elle est tout
à fait la sérénité que comporte notre siècle. Il y,

a longtemps que nous ne sentons plus la douceur
baptismale. Quiconque de nos jours a le calme,
l'a retrouvé ; mais il l'avait perdu. Cette sérénité,
que l'expérience de la vie et de la méditation
religieuse peuvent nous rendre n'a pas, nous le
savons, la charme de la sérénité primitive ; elle
a un peu l'amertume de l'expérience qui nous la
donne ; mais elle en a aussi la salubrité. J'admire
et j'envie les siècles bienheureux, s'il y en a eu
qui ont eu la paix de l'âme et de l'esprit, qui
n'ont jamais ni douté ni hésité, et auxquels Dieu a
épargné, non pas les malheurs qui sont le lot de
l'humanité, mais les troubles de la conscience et
les anxiétés de la raison, c'est-à-dire le genre de
chagrin qui énerve et qui abat le plus l'âme humaine. Mais j'aime et j'estime particulièrement
les siècles ou les hommes qui, par l'étude des
choses humaines et par le recours à Dieu, savent
se refaire au dedans d'eux-mêmes une paix sans
illusions, mais non sans douceur, une tranquillité
qui soit humble devant Dieu et qui soit un peu
dédaigneuse devant les hommes. Donnez beaucoup aux hommes, dit quelque part Fénelon,
mais n'en attendez rien. Voilà, si j'ose le dire,

le secret de la sérénité qui se sent dans les *Devoirs* de Pellico ; et j'aime à rapprocher pour la douceur de l'âme, sinon pour la force et pour l'étendue de l'esprit, ces deux noms, Fénélon et Pellico, tant je suis touché de la douceur affectueuse que je sens partout dans l'exhortation de Pellico.

La seule observation métaphysique qui se trouve dans Pellico, si même c'en est une, c'est de constater en commençant le besoin impérieux que la conscience a d'accomplir le devoir. Nous avons, si je puis ainsi parler brutalement, une sorte d'appétit moral qui nous pousse au devoir, et que ressentent toutes les consciences saines. Les consciences qui ne ressentent pas ce besoin sont des consciences malades et viciées ; de même qu'il y a des estomacs qui n'ont plus d'appétit, mais ce sont les estomacs malades. La conscience est l'organe du devoir, comme les poumons sont l'organe de la respiration. Il est donc important de ne pas laisser s'altérer l'intégrité de notre conscience, et c'est le soin que Pellico nous recommande le plus vivement. Les préceptes qu'il donne à ce sujet sont tout à fait de notre temps et à notre adresse. Il remarque, par exemple,

avec justesse comment le mensonge s'est intro-
duit dans nos mœurs sous la protection de l'esprit
de parti. On ne ment pas, comme les enfants et
les laquais, pour cacher ses fautes ; on ment pour
discréditer ses adversaires et pour les supp'anter.
« Il y a, dit Pellico, un besoin incessant de supposer dans le parti opposé des faits et des intentions qui le déshonorent ; on croit que tout est
permis pour combattre des adversaires ; on cherche des preuves contre eux, et lorsqu'on en a
trouvé dont l'incertitude et la fausseté sont manifestes, on s'étudie à les soutenir, à les faire valoir,
à paraître en être persuadé (1).» Cette habitude
du mensonge polémique est funeste à plus d'un
titre : elle a entre autres effets celui-ci, c'est qu'à
force de dire le mal, nous nous habituons à le
croire, et que nous tombons dans une défiance
générale des hommes. On ne croit plus au bien,
on n'estime plus personne ; et c'est là, soyez en
sûrs, une cruelle maladie. C'est même une grande
cause d'erreurs et une grande malhabileté. J'ai vu
qu'on se trompait souvent pour croire au bien ;

(1) Traduction de M. Lezaud. p. 36.

mais j'ai vu aussi qu'on ne se trompait pas moins souvent pour croire au mal.

C'est une grande erreur de penser que le sentiment du respect ne profite qu'à ceux qui en sont l'objet. Il profite plus à ceux qui le sentent qu'à ceux qui le reçoivent. Il ne profite en effet à ceux qui le reçoivent que dans la mesure qu'ils le méritent. Le respect reçu n'élève et ne fortifie que les âmes respectables, tandis que le respect rendu est utile aux âmes qui le rendent, même quand elle se tromperaient sur l'objet de leur respect. Il en est ici, si j'ose le dire, comme du sacrifice qui est offert à Dieu dans nos églises. Quand même, par hasard, le prêtre qui offrirait le sacrifice serait indigne, le sacrifice n'en profiterait pas moins à ceux qui y assistent et qui s'y unissent de bonne foi. Tel est le respect, s'il est sincère, quand même l'objet en serait indigne. Le respect épure et parfume les âmes qui l'exhalent. Heureux donc les hommes qui gardent l'habitude du respect; heureux surtout s'ils prennent de bonne heure cette habitude! Le respect est le meilleur frein que puisse avoir la jeunesse, parce qu'elle se l'impose elle-même. Et n'allez pas dire avec la

légèreté de notre temps, avec le penchant au mépris dont Pellico parlait tout à l'heure, n'allez pas
dire qu'il ne suffit pas d'avoir le goût du respect,
et qu'il faut encore trouver de quoi respecter. A
ceux qui aiment à aimer, je dirai : Vous aurez
toujours des enfants; et à ceux qui aiment à respecter, je dirai : Vous aurez toujours des vieillards.
Malheur, hélas ! à tout peuple qui en serait arrivé
à ce degré de misère morale, que ses vieillards
même ne seraient plus respectables ! Le respect
de la vieillesse et l'amour de l'enfance sont les
deux grandes sources morales où l'humanité
vient sans cesse se retremper et se rajeunir. Ne
laissons pas dessécher ces sources sacrées. « Il
n'y a de méchant que l'homme sans égards pour
la vieil'esse, pour les femmes et pour le malheur, »
disait Parini (poète et professeur italien); e
Parini employait tout l'ascendant qu'il avait sur
ses disciples à les rendre respectueux envers la
vieillesse. Un jour il était irrité contre un jeune
homme dont on venait de lui rapporter une faute
grave. Il lui arriva de le rencontrer dans une rue
au moment où, occupé à relever un vieux capucin il témoignait une noble colère conti e quelques

misérables qui l'avaient renversé. Parini se mit
à crier à l'unisson du jeune homme, et, lui passant les bras autour du cou, il lui dit : «Un
moment j'ai eu mauvaise opinion de vous ; maintenant que je suis témoin de votre respect pour
la vieillesse, il y a peu de vertus dont je ne vous
croie capable (1). »

Ce sentiment du respect, si utile aux individus
et aux sociétés, il ne faut pas croire que ce soit
la nature seule qui le cultive et qui l'entretienne
en nous ; il faut aussi la volonté. Pellico fait à ce
sujet des réflexions très fines et très justes sur
le soin que nous devons prendre de cultiver et
d'entretenir nos affections les plus naturelles.
« Les sentiments les plus délicats, dit-il, ne
s'acquièrent que par un soin scrupuleux. Comme
personne ne devient, sans étude, habile connaisseur en peinture et en musique ; aussi personne
ne peut comprendre l'excellence de l'amour fraternel ou de tout autre vertueux attachement,
sans chercher constamment à le comprendre :
que l'intimité domestique ne nous fasse jamais

(1) Traduction de M. Lezaud, p. 74.

oublier d'être prévenant pour nos frères (1). »
Pellico touche ici un point important dans la vie
de famille. L'habitude s'est introduite de changer l'intimité de la vie domestique en familiarité
qui dégénère en grossièreté ; et ce n'est pas seulement entre frères et sœurs que l'intimité a perdu sa
grâce et sa douceur, et s'est trouvée convertie en
un grossier sans-gêne : l'habitude de la familiarité
s'est introduite entre le père, la mère et les enfants, sous prétexte d'affection. Je consens volontiers à la suppression de quelques formules céré-
monielles ; je consens même au tutoiement entre
le père, la mère et les enfants ; mais je suis persuadé que dans les âmes bien faites et dans les
familles bien dirigées, la suppression de quelques
formules extérieures doit faire surveiller avec
plus de soin et de scrupule au maintien du
fond. Ce soin et ce scrupule il sied aux enfants
de l'avoir et aux parents de s'en relâcher. Quel
mal faisons-nous, diront d'honnêtes enfants qui
ont bon cœur et qui aiment fort leurs père et
mère, mais qui sont très irréfléchis, quel mal

(1) Traduction de M. Lezaud, p. 78.

faisons-nous quand nous parlons familièrement
à notre père ou à notre mère? Nous ne les en
aimons pas moins. — Oui, mais la liberté du propos grossit, sans le vouloir, les petites querelles
de la vie de famille, et quand une fois l'esprit de
contention s'est assis au foyer domestique, adieu
toutes les douceurs de la vie de famille : elles se
changent en amertumes quotidiennes; elle finis-
sent par détruire l'esprit de famille, qu'il est si
important de conserver chez nous, au milieu du
naufrage de toutes les traditions morales. L'esprit de famille périt souvent a trop vivre dans la
famille, et surtout à y vivre avec de trop sans-
gêne et de sans façon. Aimons-nous en famille,
soit, et de grand cœur ! mais sachons aussi nous
y respecter mutuellement. La politesse est bonne
partout, même dans l'affection. J'ai souvent rencontré des pères qui se plaignaient à moi de leurs
fils, et ces fils que je connaissais, je les trouvais
au dehors et avec l'étranger, aimables, affectueux,
retenus, judicieux; ils réservaient leurs défauts
pour la maison paternelle, en signe d'affection.
Pellico dit avec beaucoup de raison : « Ceux qui
contractent à l'égard de leurs frères et de leurs

sœurs des habitudes de malveillance ou de grossièreté restent malveillants ou grossiers avec tout le monde (1). » Oui, il faut que la vie de famille soit l'apprentissage de la vie du monde ; mais il faut aussi, à certains moments, que le monde apprenne à la famille la politesse, si la famille oublie la politesse sous prétexte d'affection. Quand, dans le sein de la famille, l'affection produit la politesse, cette politesse née de l'affection vaut mieux assurément que la politesse du monde. Mais là où l'affection se dispense de la politesse, il est bon qu'elle la reprenne à l'école du monde. Ne croyons donc pas, encore un coup, que pour la pratique des affections de la famille il ne faille s'en fier qu'à la nature. Il y faut aussi l'intelligence ; il faut que la réflexion ou le conseil nous fasse comprendre qu'il y a des affections réciproques dont les témoignages doivent être bien différents : une tendresse grave sied aux parents, un respect affectueux sied aux enfants. L'instinct n'est pas longtemps un bon guide pour les affections de l'homme. Il les commence bien ; mais, pour les entretenir et les

(1) Traduction de M. Lezaud, p. 79.

cultiver, il faut le soin et l'attention sur soi-même, C'est un devoir dont nous ne devons nous dispenser dans aucun cas. Dieu veut que nous soyons intelligents dans la pratique de nos affections comme dans la conduite de nos actions.

Il y a dans les œuvres de Pellico je ne sais combien de préceptes simples et doux, que j'aime à cause de l'application qu'ils ont de nos jours, et j'en pourrais citer bien des exemples : ainsi le goût que chacun de nous doit avoir pour sa profession ici-bas et le genre de vertu qui est propre à chaque profession ; ainsi la répugnance de la moquerie banale et insouciante, ou du cynisme, et surtout le respect des femmes, qui est la marque caractérisque de toutes les civilisations délicates et nobles, de même que le mépris de la femme est le caractère des civilisations qui se dégradent et qui s'abaissent. Il n'y a pas un de ces préceptes de bonne et douce sagesse que M. Lezaud n'ait eu plaisir à traduire ; cela se sent, parce qu'il y retrouvait ses convictions et ses traditions les plus chères. Il sentait en traduisant, comme nous sentons en le lisant, que c'est par ces bonnes maximes et à l'aide de cette sagesse domestique que les sociétés s'honorent quand elles sont fortes, et se soutiennent quand elles sont faibles.

SAINT-MARC GIRARDIN
de l'Académie française

AVERTISSEMENT

Je ne ferai qu'une simple réflexion sur le *Trai-té des Devoirs* de Pellico. Un des plus grands écrivains de l'antiquité s'est exercé sur le même sujet; et je ne crains pas de dire que si le livre de Cicéron éclaire l'esprit, celui de Pellico touche le cœur. Ai-je besoin d'ajouter que les hommes se conduisent moins par leurs idées que par leurs sentiments?

Ce discours est adressé à une seule personne ; mais je le publie, espérant qu'il pourra être utile à la jeunesse en général.

Ce n'est point un traité scientifique, ce ne sont point des recherches profondes sur les devoirs ; il me semble que l'obligation d'être honnête et religieux n'a pas besoin d'être prouvée par d'ingénieux raisonnements : qui ne trouve de lui-même ces preuves dans sa conscience ne les trouvera jamais dans un livre. Ceci est une simple énumération des devoirs que l'homme recontre dans sa vie, une invitation à les considérer, à les suivre avec une noble fermeté.

Je me suis proposé d'éviter toute recherche de pensées ou de style, le sujet m'a paru demander la plus grande simplicité.

Jeunesse de ma patrie, je t'offre ce petit volume, avec le désir le plus ardent qu'il t'encourage à la vertu et contribue à ton bonheur.

DES

DEVOIRS DES HOMMES

CHAPITRE PREMIER

Nécessité et importance du devoir

L'homme ne peut se soustraire à l'idée du
devoir ; il lui est impossible de ne pas sentir
l'importance de cette idée. Le devoir est une
partie essentielle de notre être ; la conscience
nous en avertit du moment que la raison commence à poindre en nous ; elle nous en avertit
plus fortement lorsque cette raison augmente, et
toujours plus fortement à mesure qu'elle se

développe. Pareillement, tout ce qui est hors de nous nous en avertit, parce que tout est régi par une loi harmonique et éternelle. Tout a une destination chargée de manifester la sagesse et d'exécuter la volonté de cet Etre qui est le principe et la fin de toutes choses.

L'homme a aussi sa destination, sa nature ; il faut qu'il soit ce qu'il doit être, ou il n'est pas estimé des autres, il n'est pas estimé de lui-même, il n'est pas heureux. Sa nature est de rechercher le bonheur, de comprendre et de montrer qu'il ne peut le trouver que dans la vertu, c'est-à-dire en étant ce que demande son bien d'accord avec le système du monde, avec les desseins de Dieu.

Si tant que dure la passion nous sommes tentés d'appeler notre bien ce qui est contraire au bien d'autrui, à l'ordre, nous ne pouvons cependant nous le persuader. La conscience murmure au dedans de nous ; et lorsque cette passion est éteinte, tout ce qui est contraire au bien d'autrui, à l'ordre, nous répugne.

L'accomplissement du devoir est tellement nécessaire à notre bien, que même la douleur et la moit, qui nous apparaissent comme le mal le plus immédiat, se changent en plaisir dans le cœur de l'homme magnanime qui souffre ou meurt pour secourir son prochain ou se soumettre aux ordres du Tout-Puissant.

Etre l'homme qu'on doit être est donc jusqu'à un certain point la définition du *devoir* et celle du *bonheur*. La religion exprime admirablement cette vérité lorsqu'elle dit que l'homme est fait à l'image de Dieu : son devoir, son bonheur, sont d'être cette image ; de ne vouloir être autre chose, de vouloir être bon parce que Dieu est bon et qu'il lui a donné pour destination de s'élever à toutes les vertus et de ne faire qu'un avec lui.

CHAPITRE II

Amour de la vérité

Le premier de nos devoirs est certainement d'aimer la vérité et d'avoir foi en elle.

La vérité est Dieu. Aimer Dieu et aimer la vérité sont la même chose.

Mon ami, faites effort pour trouver la vérité, pour ne pas vous laisser éblouir par la fausse éloquence de ces tristes et violents sophistes qui s'étudient à jeter sur toutes choses des doutes décourageants.

La raison ne sert à rien, elle nuit, au contraire, quand on l'applique à combattre la vérité, à la décréditer, à soutenir de honteux systèmes ; lorsque, tirant des maux dont la vie est semée des conséquences désespérées, elle nie que la vie soit un bien ; lorsque, retraçant quelques désordres qui existent dans le système du monde elle ne veut pas y reconnaître un ordre ; frappée de la nature palpable et mortelle du corps, elle refuse de croire à *un être* tout esprit et non mortel ; lorsqu'elle traite de chimère la distinction du vice et de la vertu ; lorsqu'elle ne veut voir dans l'homme qu'une brute, et rien qui lui vienne de Dieu.

S'il était vrai que l'homme et la nature fussent si mauvais, si méprisables, pourquoi per-

dre le temps à philosopher. Il faudrait se tuer :
la raison ne pourrait nous conseiller autre chose.

Puisque la conscience dit à tous de vivre (l'exception de quelques esprits malades ne prouve
rien), puisque nous vivons pour aspirer à ce qui
est bien, puisque nous sentons que le bien de
l'homme est de ne point s'avilir et se confondre
avec les vers de la terre, mais de s'ennoblir et
de s'élever à Dieu, il est clair que le meilleur
emploi de la raison est de donner à l'homme une
haute idée de la dignité dont il est capable et de
l'exciter à y atteindre.

Cela étant reconnu, combattons avec énergie le
scepticisme, le cynisme, toute philosophie qui
dégrade l'homme. Imposons-nous l'obligation
de croire à ce qui est vrai, à ce qui est beau, à
ce qui est bon. Pour croire, il faut avoir la volonté
de croire, il faut aimer fortement la vérité.

Cet amour est le seul qui puisse donner de
l'énergie à notre âme. Qui se complaît à languir
dans le doute l'énerve.

A cette foi dans tous les principes de droiture
ajoutez la résolution d'être vous-même toujours

l'expression de la vérité dans vos paroles ou dans vos actions.

La conscience de l'homme n'a de repos que dans la vérité. Celui qui ment a beau n'être pas découvert, sa punition est en lui-même ; il sent qu'il manque à un devoir et se dégrade.

Pour ne pas contracter la mauvaise habitude de mentir, il n'y a pas d'autre moyen que de prendre la résolution de ne jamais mentir. Si vous faites une exception à cette règle, il n'y aura pas de raison de ne pas en faire deux, de ne pas en faire cinquante, de ne pas en faire continuellement ; et c'est ainsi que peu à peu on n'éprouve aucun scrupule à mentir, à exagérer et enfin à calomnier.

Les époques les plus corrompues sont celles où on ment le plus. Alors règne une défiance générale, la défiance entre le père et le fils ; alors une profusion infinie de protestations, de serments et de perfidies ; alors au milieu des divisions politiques, religieuses et même littéraires, un besoin incessant de supposer dans le parti opposé des faits et des intentions qui le déshonorent ; on croit que tout est permis pour combattre des adversaires ; alors la fureur de chercher des preuves contre eux, et lorsqu'on en a trouvé dont l'incertitude ou la fausseté sont manifestes, à s'étudier à les soutenir, à les faire valoir, à paraître en être persuadé. Ceux qui n'ont pas la simplicité du cœur n'imaginent toujours que duplicité dans le cœur des autres. Si quelqu'un qui leur déplaît parle, il ne dit rien qu'en mauvaise intention. Si quelqu'un prie ou fait l'aumône, ils remercient le ciel de ne pas être un hypocrite comme lui.

Quoique né dans un siècle où le mensonge et une extrême défiance sont choses si communes, tenez-vous également éloigné de ces deux vices. Soyez noblement disposé à croire à la véracité d'autrui ; et si les autres ne croient pas à la vôtre, ne vous en fâchez pas, il vous suffit qu'elle brille aux regards de celui qui voit tout.

CHAPITRE III

Religion

Tenant pour assuré que l'homme est plus que la brute, et qu'il est en lui quelque chose de divin, nous devons avoir la plus grande estime pour tous les sentiments qui tendent à l'ennoblir ; et étant certain qu'aucun sentiment ne l'ennoblit autant que d'aspirer, malgré ses misères, à la perfection, à la félicité, à Dieu, force est de reconnaître l'excellence de la religion et de la pratiquer.

Ne vous effrayez pas de ces hypocrites, de ces mauvais plaisants, qui vous voyant religieux oseront vous traiter d'hypocrite. Sans force d'âme, on ne possède aucune vertu, on ne remplit aucun noble devoir : mais pour être pieux il ne faut pas être pusillanime.

Effrayez-vous moins d'être associé comme
chrétien à cette foule d'esprits vulgaires peu
capables de comprendre tout le sublime de la
religion. Parce que le vulgaire peut et doit être
religieux, il n'est pas vrai que la religion soit une
chose vulgaire. L'ignorant est aussi obligé d'être
honnête : l'homme instruit rougira-t-il pour cela
d'être honnête ?

Vos études et votre raison vous ont amené à
connaître qu'il n'y avait pas de religion plus pure
que le christianisme, plus exempte d'erreurs,
plus resplendissante de sainteté, plus empreinte
d'un caractère divin ; il n'en est pas qui ait autant
contribué à faire avancer et à répandre la civilisation, à détruire ou adoucir l'esclavage, à faire
sentir à tous les hommes leur fraternité devant
Dieu, leur fraternité avec Dieu même.

Réfléchissez à toutes ces choses, et surtout à
la solidité de ses preuves historiques ; elles peuvent supporter tout examen désintéressé.

Et pour ne pas être abusé par les sophismes
qu'on a imaginés contre ces preuves, joignez à
leur examen le souvenir de cette foule d'hommes
supérieurs qui en ont reconnu la puissance, à

commencer par les plus forts penseurs de notre époque jusqu'a Dante, jusqu'à saint Thomas, jusqu'à saint Augustin, jusqu'aux premiers pères de l'Eglise.

Chaque nation vous offre des noms illustres qu'aucun incrédule n'osera mépriser.

Le célèbre Bacon, tant vanté par l'école empirique, loin d'être incrédule comme ses plus chauds partisans, s'est toujours donné pour chrétien. Grotius était chrétien, bien qu'il se soit trompé sur quelques points; et il écrivit un traité *De la Vérité de la religion.* Leibnitz fut un des plus zélés défenseurs du christianisme. Newton n'a pas craint de composer un livre *Sur l'accord des Evangiles.* Locke a traité *Du Christianisme raisonnable.* Notre Volta était un physicien supérieur et un homme d'une vaste érudition; et toute sa vie il s'est montré le plus vertueux des catholiques. De tels esprits et tant d'autres suffisent bien, je crois, pour prouver que le christianisme est d'accord avec la raison, je veux dire avec la raison féconde, en connaissances et en recherches, non restreinte, exclu-

sive, pervertie par l'entraînement du mépris et de
l'irréligion.

Quelques citations

Parmi les hommes renommés dans le monde,
on en compte quelques-uns d'irréligieux et beaucoup remplis d'erreurs ou d'inconséquences au
sujet de la foi. Qu'importe ! En attaquant le
christianisme en général ou le catholicisme, ils
n'ont rien prouvé ; et les principaux d'entre eux
n'ont pu éviter dans tel ou tel de leurs écrits de
reconnaître la sagesse de cette religion qu'ils
n'aimaient pas ou qu'ils pratiquaient si mal.

Les citations suivantes, bien qu'elles n'aient
plus le mérite de la nouveauté, n'ont rien perdu
de leur importance, et il convient de les rapporter ici.

J.-J. Rousseau dans son *Emile* a écrit ces paroles remarquables :

« J'avoue que la majesté des Ecritures m'étonne. La sainteté de l'Evangile parle à mon cœur... Voyez les livres des philosophes ; avec toute leur pompe, qu'ils sont petits près de celui-là ! Se peut-il qu'un livre à la fois si sublime et si simple soit l'ouvrage des hommes ! Se peut-il que celui dont il fait l'histoire ne soit qu'un homme lui-même !.... Les faits de Socrate, dont personne doute, sont moins attestés que ceux de Jésus-Christ. Au fond c'est reculer la difficulté sans la détruire. Il serait plus inconcevable que plusieurs hommes d'accord eussent fabriqué ce livre qu'il ne l'est qu'un seul en ait fourni le sujet..... Et l'Evangile a des caractères de vérité si grands, si frappants, si parfaitement inimitables, que l'inventeur en serait plus étonnant que le héros. »

Le même Rousseau a dit encore :

« Fuyez ceux qui, sous prétexte d'expliquer la nature, sèment dans les cœurs des hommes de désolantes doctrines......... Renversant, détruisant, foulant aux pieds tout ce que les hommes

respectent, ils ôtent aux affligés la dernière consolation de leur misère, aux puissants et aux
riches le seul frein de leurs passions; ils arrachent
du fond des cœurs le remords du crime, l'espoir
de la vertu, et se vantent encore d'être les bienfaiteurs du genre humain. Jamais, disent-ils, la
vérité n'est nuisible aux hommes; je le crois
comme eux, et c'est à mon avis une grande
preuve que ce qu'ils enseignent n'est pas la
vérité. »

Montesquieu, quoique en fait de religion il ne
soit pas lui-même irréprochable, s'indignait con
tre ceux qui attribuent   christianisme des torts
qui ne lui appartiennent pas.

« M. Bayle, dit-il, après avoir insulté toutes
les religions, flétrit la religion chrétienne; il ose
avancer que de véritables chrétiens ne forme-
raient pas un Etat qui pût subsister. Pourquoi
non? Ce seraient des chrétiens infiniment éclai-
rés sur leurs devoirs, et qui auraient un très
grand zèle pour les remplir : ils sentiraient très
bien le droit de la défense naturelle; plus ils
penseraient devoir à la religion, plus ils penseraient devoir à leur patrie....... Chose admira-

b'el la religion chrétienne, qui ne semble avoir
d'objet que la félicité de l'autre vie, fait encore
notre bonheur dans celle-ci. » (*Esprits des
Lois*, liv. III, ch. vi.)

Et plus loin :

« C'est mal raisonner contre la religion, de
rassembler dans un grand ouvrage une longue
énumération des maux qu'elle a produits, si l'on
ne fait de même celle des biens qu'elle a faits.
Si je voulais raconter tous les maux qu'ont
produits dans le monde les lois civiles, la mo-
narchie, le gouvernement républicain, je dirais
des choses effrayantes......... Que l'on se mette
devant les yeux les malheurs continuels des rois
et des chefs grecs et romains, la destruction des
peuples et des villes par ces mêmes chefs, Ti-
mour et Gengis-kan, qui ont dévasté l'Asie, et
nous verrons que nous devons au christianisme
et dans le gouvernement un certain droit politique, et dans la guerre un certain droit des gens
que la nature humaine ne saurait assez reconnaître. (*Ib.*, XXIV, ch. ii et iii.)

Le célèbre Byron, ce génie merveilleux qui
malheureusement s'était habitué à encenser

tantôt le vice et tantôt la vertu, tantôt la vérité
et tantôt l'erreur, mais qui était cependant tour-
menté par une soif ardente de la véiité et de la
veitu, prouva le respect qu'il avait malgré lui
pour la doctrine cathclique ; il voulut que l'éducation de sa fille fût catholique ; et on connaît la
lettre où, parlant de cette résolution, il dit l'a-
voir prise parce qu'il n'avait trouvé dans aucune
Eglise une si grande lumière de vérité que dans
la catholique.

L'ami de Byron, le plus grand poète qui soit
resté à l'Angleterre après lui, Thomas Moore,
après avoir hésité pendant de longues années sur
le choix d'une religion, se livra à de profondes
études sur le christianisme, et reconnut qu'il
était impossible d'être chrétien et bon logicien
sans être catholique ; il a laissé par écrit les recherches qu'il avait faites, et la conclusion inévitable où elles l'avaient conduit.

« Salut ! s'écrie-t-il ; salut, Eglise une et
vraie, ô toi qui es l'unique chemin de la vie, et
dont les seuls tabernacles ne connaissent pas la
la confusion des langues ! que mon âme se repose à l'ombre de tes saints mystères ! Loin de

moi également l'impiété qui insulte à leur obscurité et la loi imprudente qui voudrait dévoiler leur secret ; c'est à l'une et à l'autre que j'applique ces paroles de saint Augustin : « Raisonne, et j'admire ; dispute, et je crois ; je vois ton élévation, mais je ne puis sonder ta profondeur. »

CHAPITRE V

Résolution à prendre sur la religion

Que toutes les considérations et les preuves infinies qui existent en faveur du christianisme et de notre Eglise en particulier vous fassent répéter ces paroles, vous fassent dire fermement :

Je veux être insensible à tous ces arguments, toujours spécieux et si peu concluants, dont on se sert pour attaquer ma religion. Je vois qu'il n'est point vrai qu'elle s'oppose aux lumières. Je vois qu'il n'est point vrai que bonne un temps d'ignorance elle ne convient plus au nôtre, puis-que après avoir convenu à la civilisation asiatique, à la civilisation grecque, à la civilisation romaine, aux époques si diverses du moyen âge, elle a suffi, en outre, à tous les peuples qui après le moyen âge ont commencé une civilisation nouvelle, et qu'elle suffit encore aujourd'hui à des intelligences qui en élévation ne le cèdent à personne ; je vois que depuis les premiers hérésiarques jusqu'à l'école de Voltaire et de ses disciples, jusqu'aux saint-simoniens de nos jours, tous se sont vantés d'enseigner une meilleure doctrine, et que jamais aucun ne l'a pu. Donc tant que je me ferai gloire d'être l'ennemi de la barbarie et l'ami des lumières, je me ferai gloire d'être catholique, et je plaindrai ceux qui se moquent de moi, ceux qui affectent de me confondre avec les superstitieux et les pharisiens.

Ceci étant reconnu et déclaré, soyez conséquent et inébranlable. Honorez la religion autant que vous le pourrez par vos sentiments et par vos pensées, et professez-la parmi les croyants et les incrédules ; mais professez-la non point en accomplissant froidement et matériellement les pratiques du culte, mais bien en vivifiant l'observance de ces pratiques par de nobles pensées ; en vous élevant par l'admiration jusqu'à la sublimité des mystères, sans avoir l'orgueil de les expliquer ; en vous pénétrant de la vertu qui en découle, et n'oubliant jamais que la seule adoration dans les prières ne sert de rien, si nous ne sommes résolus d'adorer Dieu dans toutes nos actions.

Quelques-uns sont frappés de la vérité et de la beauté de la religion catholique ; ils sentent qu'aucune philosophie n'est plus qu'elle philosophique, plus ennemie de toute injustice, plus amie de tous les biens de l'homme ; et cependant ils suivent le mauvais courant : ils vivent comme si le christianisme était l'affaire du peuple, comme si les esprits cultivés n'avaient que faire de lui. Ceux-là sont plus coupables que les vrais incrédules, et il y en a beaucoup.

Moi qui ai été de ce nombre, je sais qu'on ne sort point de cet état sans effort. Faites-le, s jamais vous y tombez. Le mépris des autres ne peut rien sur vous lorsqu'il s'agit de confesser un noble sentiment : le plus noble des sentiments est celui d'aimer Dieu.

Mais dans le cas ou il vous faudrait passer des fausses doctrines ou de l'indifférence à une profession sincère de la foi, ne donnez point aux incrédules le scandaleux spectacle d'un ridicule bigotisme et de scrupules pusillanimes. Soyez humble devant Dieu et devant les hommes ; mais gardez-vous cependant d'oublier votre dignité d'homme, et d'abdiquer la saine raison. La seule raison contraire à l'Evangile est celle qui nous remplit d'orgueil ou de haine.

CHAPITRE VI

Philanthropie ou charité

Ce n'est que par la charité que l'homme comprend le devoir d'une véritable phillantropie d'une véritable charité.

Le mot *charité* est une parole admirable,
mais celui de *philantropie*, — quoique beaucoup de sophistes en aient abusé, — a aussi
quelque chose de saint. L'Apôtre s'en est servi
pour exprimer l'amour de l'humanité ; il l'a
même appliqué à cet amour de l'humanité qui
est en Dieu même. On lit dans l'épître à Titus,
III, ὅτε δὲ χρηστότης, etc. Lorsque apparut la bonté et la philantropie du Sauveur notre Dieu...

Le Tout-Puissant aime les hommes, et il veut
que chacun de nous les aime. Nous l'avons déjà
dit, il ne nous est donné d'être bons, d'être con-
tents de nous, de nous estimer, qu'à condition
d'imiter en Dieu ce généreux amour, de faire
des vœux pour la vertu et le bonheur de notre
prochain, de lui aider selon notre pouvoir.

Cet amour résume, pour ainsi dire, tout le
mérite de l'homme ; il est enfin la partie la plus
essentielle de l'amour que nous devons à Dieu,
comme il résulte de plusieurs endroits sublimes
des Livres saints, et notamment de celui-ci.

« Le roi dira à ceux qui seront à sa droite :
Venez, ô les élus de mon père ! Prenez possession de ce royaume qui vous a été préparé depuis

la création du monde. J'ai eu faim, et vous m'a-
vez donné à manger. J'ai eu soif, et vous m'a-
vez donné à boire. J'étais étranger, et vous m'a-
vez accueilli ; nu , et vous m'avez couvert ;
malade ou en prison , et vous êtes venu me visiter. Alors les justes lui répondront, en disant :
Seigneur, quand avez-vous eu faim pour vous
nourrir ou soif pour vous donner à boire? Quand
donc étiez-vous étranger pour vous accueillir et
nu pour vous couvrir ? Et quand est-ce que vous
étiez malade ou en prison pour que nous allions
vous visiter ? Et le roi répondant, leur dira :
En vérité, je vous le dis, chaque fois que vous
avez fait une de ces choses à l'un de mes frères,
si petit qu'il fût, c'est à moi que vous l'avez
faite. » (MATTH., c. XXV.)

Formons-nous dans l'esprit un type élevé de
l'homme, et efforçons-nous de lui ressembler ;
mais, que dis-je ? ce type nous est offert par
notre religion, et il est admirable. Celui qu'elle
nous propose d'imiter est l'homme ferme et bon
au suprême degré, l'ennemi irréconciliable de
l'oppression et de l'hypocrisie, le philanthrope
qui pardonne tout, moins la perversité impéni-

tente ; celui qui peut toujours se venger, et qui
s'y refuse ; celui qui se fait le frère des pauvres,
et ne maudit jamais les riches, pour peu qu'ils
se souviennent qu'ils sont les frères des pauvres ; celui qui n'estime pas les hommes selon
leur degré de science ou de fortune, mais d'a-
près les sentiments de leur cœur et de leurs actions ; c'est le seul philosophe en qui on ne dé-
couvre pas la plus petite tache ; c'est la complète
manifestation de Dieu en un être de notre espèce, c'est l'homme-Dieu.

L'âme attachée sur un si beau modèle, quel
respect n'aurons-nous pas pour l'humanité ?
L'amour est toujours proportionné à l'estime.
Pour aimer beaucoup l'humanité, il faut beaucoup l'estimer.

Au contraire, celui qui s'est formé de l'homme
une idée basse, petite, incertaine ; celui qui se
plaît à considérer le genre humain comme un
troupeau de bêtes remplies de ruse ou de stupi-
dité, dont toutes les fonctions consistent à manger, se reproduire, se mouvoir et redevenir
poussière ; celui qui ne veut trouver rien de
grand dans la civilisation, dans les sciences,

dans les arts, dans la recherche de la justice, dans notre aspiration incessante à ce qui est beau, à ce qui est bon, à ce qui est divin ; ah ! quelle raison peut avoir cet homme de respecter son semblable, de l'aimer, de l'entraîner avec lui à la recherche de la vertu, de se sacrifier pour lui être utile ?..

Pour aimer l'humanité, il faut savoir la considérer sans s'indigner de ses faiblesses et de ses vices.

Lorsque nous la voyons ignorante, pensons combien est grand le pouvoir qu'a l'homme de sortir d'une telle ignorance, en faisant usage de sa raison. Pensons combien est grand le pouvoir qu'a l'homme même au sein de la plus grande ignorance de pratiquer les vertus sociales, le courage, la compassion, la reconnaissance, la justice.

Ceux qui jamais ne cherchent à s'éclairer, qui jamais ne s'adonnent à la pratique de la vertu, ne sont que des individus, et non pas l'humanité. Jusqu'à quel point seront-ils excusables ? Dieu le sait. Q'il nous suffise de savoir

qu'il ne sera demandé compte à chacun que de
la somme qu'il aura reçue.

CHAPITRE VII

Estime de l'homme

Admirons dans l'humanité ceux qui, témoi-
gnant par eux-mêmes de sa grandeur morale,
nous montrent encore le but où nous devons
atteindre. Nous ne pourrons peut-être les égaler en renommée ; mais ce n'est pas là ce qui
importe : nous pourrons toujours les égaler en
vertu réelle, c'est-à-dire par la culture des nobles sentiments, chaque fois que notre intelligence aura pu se développer, chaque fois que
nous aurons vécu au delà de l'enfance.

Lorsque nous sommes tentés de mépriser l'humanité en voyant nous-même ou en lisant dans
l'histoire ses nombreuses turpitudes, reportons

notre pensée sur ces hommes respectables qui
font l'ornement des annales humaines. L'irasci-
ble mais généreux Byron me disait qu'il n'avait
pu trouver d'autre moyen pour échapper à la
misanthropie. « Le premier grand homme qui se
présente à moi, me disait-il, est toujours Moïse ;
Moïse, qui releva un peuple dégénéré, qui l'ar-
racha à l'opprobre de l'idolâtre et de la servitu-
de, qui lui donna une loi pleine de sagesse, lien
admirable entre la religion des patriarches et
l'Evangile, qui est la religion des temps civili-
sés. Les vertus et les institutions de Moïse sont
le moyen dont se servit la Providence pour former dans ce peuple des hommes d'Etat supérieurs, d'illustres guerriers, d'excellents citoyens, de zélés partisans de la justice, appelés à
prédire la chute des orgueilleux et des hypocrites et la future civilisation de tous les peuples.
Lorsque je considère ces grands hommes, et
principalement Moïse, ajoutait Byron, je redis
toujours avec enthousiasme ce vers sublime du
Dante :

Che di vederli in me stesso mésalto ;

et je reprends alors bonne opinion de cette chair d'Adam et des âmes qu'elle renferme. »

Ces paroles du grand poète anglais ont laissé dans mon esprit une empreinte ineffaçable ; et je conviens que j'ai été souvent heureux de faire comme lui, lorsque l'affreuse misanthropie cherchait à s'emparer de moi.

Les grands hommes d'autrefois et ceux d'aujourd'hui suffisent à réfuter celui qui aurait une idée basse de la nature humaine ; combien s'en est-il vu dans l'antiquité la plus reculée, combien chez les Romains, combien dans la barbarie, au moyen âge, et depuis la nouvelle civilisation ! Là ces martyrs de la vérité, ici ces bienfaiteurs des malheureux ; ailleurs les Pères de l'Eglise, admirables par la hauteur de leur philosophie et la ferveur de leur charité ; des propagateurs des lumières, des poètes, des savants, des artistes pleins de sagesse.

Et que l'éloignement des temps ou la glorieuse carrière de ces hommes ne nous fasse pas croire qu'ils étaient d'une autre espèce que la nôtre. Non, ils n'étaient pas plus que nous sortis des demi-dieux : ils avaient eu une femme pour mère, ils souffrirent et pleurèrent comme nous ; ils eurent à lutter contre les mauvais penchants, à rougir quelquefois d'eux-mêmes, à faire effort pour se vaincre.

Les annales des peuples et les autres monuments qu'ils nous ont laissés ne rappellent qu'un petit nombre des grandes âmes qui vécurent sur la terre ; et on compterait par milliers ceux qui, inconnus par leurs pensées ou leurs actions, honorèrent le nom d'homme ; leur fraternité avec tous ceux qui furent célèbres, leur fraternité, je le répète, avec Dieu.

Rappeler combien il s'est rencontré d'hommes vertueux, ce n'est pas se faire illusion, ce n'est pas considérer l'humanité seulement par son beau côté et nier qu'il existe aussi une foule d'insensés et de méchants. Sans doute les méchants et les insensés sont nombreux ; mais voici ce que je tiens à établir, — c'est que l'homme peut se faire admirer par sa raison ; qu'il peut ne pas se corrompre ; qu'il peut, au contraire, en tous temps, quel que soit le degré de son instruction ou de sa fortune, se distinguer

par de grandes vertus ; que par conséquent il a
droit à l'estime de toute créature intelligente.

C'est en lui accordant cette estime qui lui est
due, en le voyant tendre sans cesse à la perfection, en voyant qu'il fait partie de ce monde im-
mortel des idées, et non de ces quatre jours où,
comme les plantes et les animaux, il se montre
assujetti aux lois du monde matériel ; — c'est
en le voyant du moins capable de sortir de cette
troupe d'animaux et dire : Je suis plus grand'
que vous' et que tous les objets terrestres qu'il
m'environnent, que nous sentirions notre sympathie pour l'homme ; ses misères mêmes et ses
erreurs nous toucheront d'une plus grande pitié,
si nous pensons à la grandeur de son être. Nous
nous affligerons de voir le roi des créatures s'a-
vilir. Nous nous efforcerons surtout de jeter un
voile pieux sur ses fautes, de lui tendre la main
pour qu'il se relève de la fange, pour qu'il re-
monte au trône d'où il est tombé. Nous nous ré-
jouirons chaque fois que nous le verrons, fier de
sa dignité, se montrer invincible au milieu des
tourments et des opprobres, triompher des plus

pénibles épreuves, et par la glorieuse énergie de sa volonté se rapprocher de son divin modèle.

CHAPITRE VIII

Amour de la patrie

Tous les sentiments qui unissent les hommes entre eux et les portent à la vertu sont de nobles sentiments. Le cynique, qui ne manque jamais de sophismes contre tout sentiment généreux, a pour habitude d'exalter la philantropie, pour déprécier l'amour de la patrie.

Il dit : « Ma patrie, c'est le monde : le petit coin où je suis né n'a aucun droit à ma prédilection, puisqu'il ne mérite aucune préférence sur tant d'autres pays où l'on est aussi bien ou mieux encore. L'amour de la patrie n'est en réalité qu'une espèce d'égoïsme, commun à une petite société d'hommes, qui s'en autorisent pour haïr le reste de l'humanité. »

Mon ami, ne soyez point le jouet d'une si triste philosophie ; son caractère est d'avilir l'homme, de nier ses vertus, d'appeler illusion, ou sottise, ou perversité, tout ce qui l'ennoblit. Entasser de magnifiques paroles pour blâmer toute tendance généreuse, tout dévouement au bien public, est chose facile, mais qu'on doit mépriser.

Le cynisme retient l'homme dans la fange, la vraie philosophie est celle qui s'efforce de l'en retirer ; elle n'est autre que la religion, et celle-ci honore l'amour de la patrie.

Sans doute nous pouvons dire aussi du monde entier qu'il est notre patrie : tous les peuples sont membres d'une grande famille, trop étendue pour être gouvernée par une seule autorité, quoiqu'elle ait Dieu pour maître suprême. Considérer tous les êtres de notre espèce comme formant une famille contribue à nous rendre bienveillants pour l'humanité en général; mais cette pensée ne doit pas en détruire d'autres qui ont également justes.

C'est encore 'n fait que l'humanité se partage en peuples. Chaque peuple est cette aggrégation d'hommes que la religion, les lois, les coutumes, la communauté de langage, d'origine, de gloire, de revers, d'espérances, que tous ces éléments, ou seulement une partie, resserrent par une commune bienveillance : appeler en tous égoisme cette bienveillance et cette communauté d'intérêts entre les membres d'un peuple, c'est comme si, dans la manie de blâmer, on voulait flétrir l'amour paternel et l'amour filial en les représentant l'un et l'autre comme une conspiration entre chaque père et ses enfants.

Rappelez-vous toujours que la vérité a plusieurs faces ; que parmi les sentiments vertueux il n'en est aucun qui ne doive être cultivé. Mais il en est peut-être qui devenant exclusifs seraient nuisibles ; qu'ils ne deviennent pas exclusifs, et ils ne seront pas nuisibles. L'amour de l'humanité est excellent ; mais il ne doit pas empêcher l'amour du pays natal. L'amour du pays natal est excellent ; mais il ne doit pas empêcher l'amour de l'humanité.

Honte à l'âme vile qui n'applaudit pas à toutes les façons sous lesquelles peut se manifester parmi les hommes cette estime sincère qui les porte à vivre en frères, par un échange mutuel d'égards, de secours et de bon procédés!

Deux voyageurs européens se rencontrent dans une autre partie du globe ; l'un sera né à Turin, l'autre à Londres ; ils sont Européens. Cette communauté de nom établit entre eux comme un lien d'affection, je dirai presque de patrie, et par suite un empressement louable à se rendre de bons offices.

Voici d'autre part quelques personnes qui cherchent à se comprendre : elles ne parlent pas habituellement la même langue. Vous croirez qu'il ne peut y avoir entre eux aucun lien de patrie : vous vous trompez; ils sont Suisses, de cantons différents, celui-ci italien, celui-là français, cet autre allemand. La conformité de la loi politique qui les protége supplée à l'absence d'une langue commune, leur inspire une affection mutuelle, les fait contribuer par de généreux sacrifices au bien du pays qui n'est pas pour eux une patrie.

Voyez en Italie, ou en Allemagne, un autre

spectacle. Des hommes vivant sous des lois différentes, et par cela même devenus des peuples différents, sont quelquefois obligés de se faire la guerre entre eux ; mais ils parlent ou du moins ils écrivent la même langue, ils honorent les mêmes ancêtres, ils se glorifient de la même littérature ; ils ont des goûts semblables, un besoin réciproque d'amitié, d'indulgence, de protection : ces divers motifs font régner entre eux plus de bienveillance et une émulation de bons procédés.

L'amour de la patrie, soit qu'il embrasse un vaste pays ou ne s'adresse qu'a une petite contrée, est toujours un noble sentiment. Il n'est pas de fraction de peuple qui n'ait une gloire qui lui soit particulière, des princes qui lui ont donné une puissance relative plus ou moins considérable, des faits historiques mémorables, de bonnes institutions, des villes importantes, quelque trait distinctif qui honore son caractère, des hommes illustres par leur courage, renommés dans la politique, dans les arts et dans les sciences. Ce sont là pour chacun une raison d'aimer, de préférer la province, la ville, le village où il est né.

Mais prenons garde que l'amour de la patrie dans le cercle étendu ou restreint de ses prédilections ne nous rende sottement fier d'être né dans tel ou tel lieu, et nous rende par suite ennemi des autres villes, des autres provinces, des autres nations. Un patriotisme exclusif, envieux, cruel, au lieu d'être une vertu est un vice.

CHAPITRE IX

Le vrai patriote

Pour aimer la patrie d'un amour vraiment élevé, nous devons commencer par lui donner en nous des citoyens dont elle ait, au contraire, à s'honorer. Tourner en dérision la religion et les bonnes mœurs, et aimer dignement la patrie, est tout aussi impossible qu'estimer la femme qu'on aime, et s'imaginer qu'on n'est pas obligé de lui être fidèle. Si un homme insulte aux autels, à la sainteté du mariage, à la décence, à la probité, et s'écrie : « Patrie, patrie, » ne le croyez pas ; c'est un hypocrite de patriotisme, c'est un mauvais citoyen.

Il n'y a de bon patriote que l'homme vertueux, l'homme qui comprend, qui aime tous ses devoirs et s'efforce de les pratiquer.

Jamais on ne pourra le confondre avec le flatteur des puissants, avec l'ennemi perfide de toute autorité. Servilité ou insolence sont deux excès pareils.

S'il occupe un emploi du gouvernement militaire ou civil, ce qu'il recherche n'est pas son profit particulier mais l'honneur et la prospérité du prince ou du peuple.

S'il est simple citoyen, l'honneur et la prospérité du prince et du peuple sont également le plus cher de ses désirs, et, loin de rien faire qui leur soit opposé, il ne néglige rien de ce qui peut leur être utile.

Il sait que dans toute société il y a des abus, et il souhaite qu'on les détruise ; mais il déteste la fureur de ceux qui voudraient les détruire par la spoliation et d'atroces vengeances ; car de tous les abus ceux-là sont les plus terribles et les plus funestes.

Il n'appelle ni ne provoque la guerre civile ; au contraire, par sa parole et par ses exemples il se fait autant que possible le modérateur des hommes de violence, et les ramène toujours à l'indulgence, à la paix, Il ne cesse d'être un agneau qu'au jour où la patrie en danger a besoin d'être défendue ; alors, comme le lion, il combat, triomphe ou meurt.

CHAPITRE X

Amour filial

L'exercice de vos premiers devoirs commence dans la famille. Votre première école de vertu est la maison paternelle. Que dire de ceux qui prétendent aimer la patrie, affectent l'héroïsme, et manquent à ce devoir essentiel de la piété filiale.

Il n'y a pas d'amour de la patrie, il n'y a pas le moindre germe d'héroïsme là où se trouve une noire ingratitude. A peine l'intelligence de l'enfant s'est ouverte à l'idée du devoir, la nature lui crie : « Aime tes parents. » L'instinct de l'amour filial est si fort, qu'il semblerait que pendant toute la vie on n'a aucun besoin de l'entretenir. Mais, comme nous l'avons déjà dit, tous les bons sentiments réclament le concours de notre volonté ; sans cela ils se perdraient. Il nous faut donc cultiver le respect envers nos parents avec une fermeté invariable.

Si l'on se pique d'aimer Dieu, d'aimer l'humanité, d'aimer la patrie, comment ne pas avoir une extrême vénération pour ceux à qui nous devons d'être une créature de Dieu, un homme, un citoyen !

Un père et une mère sont naturellement nos premiers amis. Il n'est personne à qui nous devions davantage. Un devoir sacré nous oblige envers eux à la reconnaissance, au respect, à l'amour, à l'indulgence, à leur témoigner ces nobles sentiments.

Il est peut-être à craindre que la trop grande intimité dans laquelle nous vivons avec des personnes qui nous appartiennent de si près nous accoutume trop vite à manquer pour elles d'attention, du soin d'être aimable et d'embellir leur existence.

Gardons-nous d'un pareil tort. Qui recherche la politesse doit s'étudier à mettre dans ses procédés une exactitude, une bonne grâce qui les rende aussi parfaits qu'ils peuvent l'être.

Attendre pour observer toutes les exigences de la politesse qu'on ait quitté la maison, et manquer en attendant d'égards et d'une aimable déférence pour ses parents, est une inconséquence et une faute. Les bonnes manières ne s'acquièrent que par une pratique constante, et qui commence au sein même de la famille.

Quel mal y a-t-il, dira quelqu'un, à éloigner toute gêne avec des parents ? ils savent bien que leurs enfants les aiment, quel besoin ont ceux-ci de le leur prouver en affectant des dehors gracieux et dissimulant leur ennui ou leur impatience ? Vous qui recherchez la distinction, ne raisonnez pas de la sorte. Que si éloigner toute gêne veut dire être grossier, ce n'est plus que de la grossièreté, et il n'est aucune intimité de famille qui puisse la justifier.

L'esprit qui refuse de faire quelque effort dans la maison comme hors de la maison pour être agréable aux autres, pour acquérir de nouvelles vertus, pour honorer l'homme en lui-même, pour honorer Dieu dans l'homme, est un esprit sans vigueur. Pour se reposer de la noble fatigue d'être bon, poli, affable, il n'y a pour l'homme que l'heure du sommeil.

L'amour filial est un devoir, non seulement de reconnaissance, mais de nécessité absolue. Dans le cas, rare d'ailleurs, où quelqu'un aurait des parents peu bienveillants, peu dignes d'estime, par cela seul qu'ils lui ont donné le jour ils ont près de lui un titre si sacré qu'il ne peut sans impiété, je ne dis pas les mépriser, mais leur manquer tant soit peu de respect. Dans ce cas les égards qu'il leur témoignera étant moins mérités lui feront plus d'honneur, mais n'en seront pas moins une dette payée à la nature, à l'édification de ses semblables, à sa propre dignité.

Honte à celui qui se fait le censeur rigide de quelques défauts de ses parents ! Eh ! pour qui aurons-nous de l'indulgence, si nous en manquons pour un père et une mère !

Exiger pour les respecter qu'ils soient sans défauts, qu'ils aient atteint la perfection de l'humanité, c'est à la fois de l'orgueil et de l'injustice. Nous qui désirons que tout le monde nous respecte et nous aime, sommes-nous toujours irréprochables, et quand un père et une mère seraient loin de cet idéal de raison et de vertu que nous recherchons, montrons-nous habiles à les excuser, à cacher leurs torts aux yeux d'autrui, à rendre justice à toutes leurs bonnes qualités : c'est ainsi que nous nous rendrons meilleurs nous-mêmes en nous faisant un caractère pieux, généreux, prompt a reconnaître le mérite des autres.

Mon ami, pénétrez-vous souvent de cette triste pensée, mais si propre à nous rendre patients et compatissants : « Ces têtes blanches que j'ai là devant moi, qui sait si bientôt elles ne dormiront pas dans la tombe. » Ah! tant que vous avez le bonheur de les voir, honorez-les et ménagez-leur quelques consolations dans les ennuis de la vieillesse, qui sont si nombreux.

Leur âge ne les porte déjà que trop à la tristesse : ne contribuez jamais à les attrister ; que toutes vos manières, que toute votre conduite soient toujours si aimables, qu'en vous voyant ils se sentent rajeunis et réjouis. Chaque sourire que vous appellerez sur leurs lèvres, chaque contentement que vous éveillerez dans leur âme, sera pour vous le plaisir le plus réel et le plus profitable. Les bénédictions d'un père et d'une mère pour un fils reconnaissant sont toujours sanctionnées par Dieu.

CHAPITRE XI.

Respect aux vieillards et aux anciens

Honorez dans toutes les personnes âgées l'image de vos parents et de vos aïeux. La vieillesse est digne de respect pour tout esprit bien né.

L'antique Sparte ordonnait par une loi aux jeunes gens de se lever à l'arrivée des vieillards, de se taire quand ils parlaient, de leur céder le pas lorsqu'ils les rencontraient. Ce que chez nous la loi n'ordonne pas, faisons-le, et cela vaudra mieux, par convenance.

Il y a dans cette déférence tant de beauté morale, que ceux-là même qui négligent de l'observer sont forcés de l'admirer dans les autres.

Un vieillard d'Athènes cherchait place aux jeux olympiques, et tous les gradins de l'amphithéâtre étant occupés, plusieurs jeunes gens, ses compatriotes, lui firent signe de s'approcher ; et lorsque, cédant à leur invitation, il fut arrivé à grand'peine où ils se trouvaient, au lieu de lui faire place ils se moquèrent de lui. Ainsi repoussé successivement, le malheureux vieillard parvint jusqu'à l'endroit où siégeaient les Spartiates. Ceux-ci, fidèles à la coutume de leur pays, se lèvent avec respect, et le placent parmi eux. Ces mêmes Athéniens qui venaient de lui insulter si outrageusement furent saisis d'admiration pour leurs généreux émules, et tout l'amphithéâtre retentit d'applaudissements ; mais des larmes coulant alors des yeux du vieillard, il s'écria : « Les Athéniens savent ce qui est honnête, et les Spartiates le pratiquent. »

Alexandre de Macédoine, — et je lui donnerai ici volontiers le surnom de Grand, — pendant que les succès les plus éclatants contribuaient à enfler son orgueil, savait cependant s'abaisser devant l'image de la vieillesse. Arrêté un jour dans sa course triomphante par la neige, il fit allumer du feu ; et se chauffant, assis sur son banc royal, il aperçut au milieu de ses soldats un homme fatigué par l'âge, et que le froid faisait trembler ; il s'approche de lui, et de ces mains invincibles qui avaient renversé le trône de Darius il prit le vieillard engourdi, et le plaça sur son propre siège.

« Il n'y a de méchant que l'homme sans égards pour la vieillesse, pour les femmes, et le malheur, » disait Parini ; et Parini employait tout l'ascendant qu'il avait sur ses disciples à les rendre respectueux envers la vieillesse. Un jour il était irrité contre un jeune homme dont on venait de lui rapporter une faute grave. Il lui arriva de le rencontrer dans une rue au moment où, occupé à relever un vieux capucin, il témoignait une noble colère contre quelques misérables qui l'avaient renversé. Parini se mit à crier à l'unisson du jeune homme, et, lui passant le bras autour du cou, il lui dit : « Il n'y a qu'un moment j'avais mauvaise opinion de vous ; maintenant que je suis témoin de votre respect pour la vieillesse, il y a peu de vertus dont je ne vous croie capable. »

La vieillesse est surtout respectable dans ceux qui ont supporté les ennuis de notre enfance et de notre jeunesse, dans ceux qui ont contribué autant qu'ils l'ont pu à nous former l'esprit et le cœur. Soyons indulgents pour leurs défauts, et apprécions généreusement les peines que nous leur avons coûtées, l'affection qu'ils nous ont témoignée, et la douce récompense qu'ils se sont promise de la persévérance de notre amour. Non, celui qui se consacre avec un noble désintéressement à l'éducation de la jeunesse ne trouve jamais dans le pain qu'il a si justement gagné une part suffisante. Ces soins dignes d'un père et d'une mère ne sont pas à vendre ; ils ennoblissent celui qui en a contracté l'habitude ; ils accoutument à aimer, et donnent des droits à notre amour.

Témoignons un respect filial à tous nos supérieurs, parce qu'ils sont nos supérieurs, témoignons un respect filial à tous les hommes qui ont mérité de la patrie ou de l'humanité ; que leurs écrits, leur image, leur tombe, soient sacrés pour nous.

Et lorsque nous considérons les siècles passés et les traces de barbarie qu'ils ont laissés, lorsque nous déplorons une infinité de maux présents, les considérant comme une conséquence des passions et des erreurs des âges précédents, ne cédons pas à la tentation de blâmer nos ancêtres ; soyons scrupuleux dans les jugements que nous portons sur eux : ils ont entrepris des guerres que nous déplorons, mais n'avaient-ils pas leur excuse dans la nécessité ou dans une illusion que nous ne pouvons apprécier à une si grande distance ? Ils ont fait appel à une intervention étrangère, qui leur a été funeste ; mais n'avaient-ils pas encore leur justification dans la nécessité ou une illusion naturelle ? Ils ont fondé des institutions qui nous déplaisent ; mais est-il vrai qu'elles ne convenaient pas à leur temps, qu'elles n'étaient pas la meilleure combinaison de la sagesse humaine avec les éléments sociaux dont ils pouvaient disposer à cette époque ? La critique doit être éclairée, mais non cruelle envers les anciens ; elle ne doit calomnier ni mépriser ceux qui ne peuvent sortir de la tombe et nous dire :

« Descendants, voici les raisons de notre conduite. »

On connaît le mot célèbre du vieux Caton : « Il est difficile de faire comprendre à ceux qui viendront après nous ce qui justifie notre vie. »

CHAPITRE XII

Amour fraternel

Vous avez des frères et des sœurs : ne négligez aucune soin pour que l'amour que vous devez à vos semblables commence à se manifes-

ter en vous dans dans toute son étendue, d'abord
à l'égard de vos parents, ensuite à l'égard de
ceux qui vous sont unis par la plus étroite des
fraternités, celle d'avoir avec vous le même père
et la même mère.

Pour pratiquer dignement cette science divine
de la charité envers tous les hommes, il faut en
avoir fait l'apprentissage dans la famille.

Quelle douceur n'y a-t-il pas dans cette pensée : « Nous sommes enfants de la même mère! »
Quelle douceur, à peine venus au monde, d'avoir
trouvé les mêmes objets à vénérer et à chérir !
Cette communauté de sang et la conformité
d'habitudes entre les frères et les sœurs engen-
dre naturellement une vive sympathie, qu'un
affreux égoïsme est seul capable de détruire.

Si vous voulez être bon frère, préservez-vous
de l'égoïsme. Proposez-vous chaque jour dans
vos relations de frère d'être généreux. Que
chacun de vos frères et de vos sœurs voie que
ses intérêts vous sont aussi chers que les vôtres.
Si l'un d'eux à des torts envers vous, soyez
indulgent, non seulement comme vous le seriez
pour un étranger, mais plus encore ; réjouissez-

vous de leurs vertus, imitez-les ; et à votre tour excitez-les par votre exemple ; faites qu'ils aient à bénir le ciel de vous avoir pour frère.

Rien n'est moins rare que ces doux sujets de reconnaissance, ces tendres regrets, ces pieuses craintes, qui contribuent sans cesse à nourrir l'amour fraternel ; il est néanmoins nécessaire d'y penser, sans cela ils passeraient inaperçus ; il faut se faire une loi d'y être sensibles : les sentiments les plus délicats ne s'acquièrent que par un soin scrupuleux. Comme personne ne devient sans étude habile connaisseur en peinture ou en poésie, ainsi personne ne peut comprendre l'excellence de l'amour fraternel, ou de tout autre vertueux attachement, sans chercher constamment à le comprendre.

Que l'intimité domestique ne vous fasse jamais oublier d'être prévenant pour vos frères.

Que vos attentions soient encore plus délicates pour vos sœurs : leur sexe est doué d'une grâce toute-puissante, et elles emploient ordinairement ce don céleste à répandre la sérénité dans toute la maison, à dissiper la mauvaise humeur, à atténuer les reproches qu'un père et une mère

ıdressent quelquefois. Honorez en elles ces ver-
lus qui font le charme de la femme. Profitez de
l'influence qu'elles possèdent pour adoucir les
âmes ; et comme la nature les a faites plus faibles
et plus sensibles que vous, soyez d'autant plus
attentif à les consoler si elles sont affligées, à ne
pas les affliger vous-même, et à leur témoigner
sans cesse amour et respect.

Ceux qui contractent à l'égard de leurs frères
et de leurs sœurs des habitudes de malveillance
ou de grossièreté restent malveillants ou grossiers
avec tout le monde. Que la vie de famille soit
toujours belle, toujours aimante, toujours sainte ;
et quand l'homme sortira de sa maison, il retrou-
vera dans ses relations avec la société ce besoin
d'estime, de nobles affections et cette foi dans la
vertu qui est le propre de toute âme qui se nour-
rit de sentiments élevés.

CHAPITRE XIII

Amitié

Indépendamment de votre père et de votre mère et autres parents, qui sont les amis que la nature a le plus rapprochés de vous ; indépendamment de vos maîtres, qui ont si bien mérité votre estime, que vous êtes heureux de leur donner le nom d'amis ; il vous arrive d'éprouver une sympathie particulière pour d'autres personnes, dont les vertus vous seront moins connues, et principalement pour des jeunes gens de votre âge ou qui s'en éloignent peu.

Quand devrez-vous céder à cette sympathie ? quand devrez-vous la combattre ? La réponse n'est pas douteuse.

Nous devons être bienveillants pour tous les hommes ; mais cette bienveillance ne doit aller jusqu'à l'amitié que pour ceux qui méritent notre estime. Une amitié est comme un lien fraternel. Dans son sens le plus élevé, elle est le beau idéal de la fraternité, c'est l'accord parfait de deux ou trois âmes, jamais d'un grand nombre, lesquelles sont devenues comme nécessaires l'une à l'autre, lesquelles ont trouvé l'une dans l'autre la plus grande disposition à se comprendre, à s'entr'aider, à s'interpréter noblement, à s'encourager au bien.

« De toutes les sociétés, dit Cicéron, aucune n'est plus forte que celle d'hommes de mœurs semblables unis par l'amitié. »(Cic., *De Off.*, I, 18.)

Ne déshonorez pas le saint nom d'ami en le donnant à un homme qui n'a que peu ou point de vertu.

Celui qui méprise la religion, qui n'a pas un soin extrême de sa dignité d'homme, celui qui ne sent pas qu'il doit honorer sa patrie par son intelligence ou sa moralité, celui qui se montre fils peu respectueux et mauvais frère, fût-il le plus séduisant des hommes par le charme de son extérieur et de ses manières, par l'éloquence de sa parole, par l'étendue de ses connaissances, et

même par une sorte d'entraînement généreux à
des actions louables, celui-là ne mérite pas que
vous en fassiez votre ami ; il vous témoignerait
la plus vive affection, que vous devriez lui refu-
ser votre amitié , les qualités d'un ami ne se
trouvent que dans l'homme vertueux. ,

Avant de reconnaître quelqu'un pour vertueux,
la seule idée qu'il peut ne pas l'être suffit pour
vous maintenir avec lui dans les limites de la politesse ordinaire. Ce don du cœur est chose trop
grave : s'empresser de le jeter au premier venu
est une imprudence coupable, sans dignité. Qui
accepte la société d'hommes pervers se pervertit lui
même, ou du moins fait rejaillir honteusement
sur lui une partie ne leur infamie.

Mais heureux celui qui rencontre un ami digne
de lui. Abandonnée à ses propres forces, souvent
sa vertu languissait : l'exemple et l'approbation
d'un ami double son énergie. D'abord il était
peut-être effrayé de se voir enclin à une infinité
de défauts, n'ayant pas encore la conscience de
la force qui était en lui ; mais l'estime de l'homme
qu'il aime le rehausse à ses propres yeux : il
rougit encore en secret de ne pas posséder tout

le mérite que l'indulgence d'un autre lui sup-
pose ; et il redouble de courage pour travailler à
se corriger. Il est bien aise que ses bonnes qualités ne soient pas ignorées de son ami, il lui en
est reconnaissant ; il brûle d'en acquérir de
nouvelles ; et c'est ainsi que, grâce à l'amitié,
nous voyons parfois s'avancer vers la perfection
tel qui en était et en serait demeuré bien loin.

Ne cherchez pas avec effort à vous faire des
amis : il vaut mieux n'en avoir aucun que de se
repentir de les avoir choisis avec précipitation.
Mais cet ami, l'avez-vous trouvé, honorez-le de
votre amitié.

Ce noble sentiment a été approuvé par tous
les philosophes, approuvé par la religion : nous
en trouvons deux beaux exemples dans l'Ecri-
ture. « L'âme de Jonathas s'attacha à l'âme de
David, Jonathas l'aima de toute son âme. —
Mais qui plus est, l'amitié fut consacrée par
notre Rédempteur lui-même ; il appuya sur son
sein la tête de Jean, qui dormait ; et sur la croix,
avant d'expirer, il prononça ces divines paroles
toutes remplies d'amour filial et d'amitié :

« Mère , voici , votre fils ; disciple, voici ta mère. »

Je crois que l'amitié, — j'entends cette noble et véritable amitié, qui repose sur une grande estime, — est presque nécessaire à l'homme pour l'arracher à ses vils penchants; elle donne à l'âme comme un élan de poésie, de force sublime, sans lequel il lui serait difficile de s'élev r au dessus de cette ornière fangeuse de l'égoisme.

Mais cette amitié une fois ressentie et promise, il faut en graver les devoirs dans votre cœur ; ils sont nombreux, ils ne tendent à rien moins qu'à vous rendre pendant toute la vie digne de votre ami.

Quelques-uns conseillent de ne se fier d'amitié avec personne, parce qu'elle s'empare trop de nos sentiments, absorbe l'esprit, provoque des jalousies ; mais je suis de l'avis, d'un excellent philosophe ; saint François de Sales, qui dans sa Philotée appelle cela un mauvais conseil.

Il accorde qu'il peut être prudent dans les cloîtres d'empêcher les affections particulières. « Mais dans le monde, il est nécessaire, dit-il, que ceux qui veulent combattre sous la bannière de la vertu, sous la bannière de la croix, s'unissent. Les hommes qui vivent à une époque où ils ont tant de pas difficiles à franchir pour arriver jusqu'à Dieu, ressemblent à ces voyageurs qui dans les sentiers rudes ou glissants se tiennent les uns les autres, pour se soutenir, pour cheminer plus sûrement. »

En effet, si pour faire le mal des méchants se donnent la main, pourquoi les bons ne se donneraient-ils pas la main pour faire le bien?

CHAPITRE XIV

Les études

Dès que vous le pouvez, c'est pour vous un devoir sacré de cultiver votre esprit. Vous vous rendrez par là plus propre à honorer Dieu, votre patrie, vos parents, vos amis.

Le paradoxe de Rousseau, « que le sauvage est le plus heureux des hommes, que l'ignorance est préférable au savoir, » est démenti par l'expérience. Tous les voyageurs ont reconnu que l'homme sauvage était très malheureux. Nous voyons tous que l'ignorant peut être honnête, mais que l'homme instruit peut l'être autant et plus que lui.

Le savoir n'est dangereux que lorsqu'il est réuni à l'orgueil ; joint à la modestie, il porte l'âme à aimer d'un amour plus digne le genre humain.

Tout ce que vous apprenez, apprenez-le dans tout ce qu'il peut avoir de plus profond. Les étu des superficielles ne produisent que trop souvent des hommes médiocres et présomptueux, des hommes qui, intérieurement convaincus de leur nullité, n'en sont que plus disposés à s'unir à d'autres importuns comme eux pour crier au monde qu'eux seuls sont grands et que les hommes vraiment grands sont petits. De là cette guerre éternelle des pédants contre les esprits supérieurs et des vains déclamateurs contre les grands philosophes ; de là cette erreur où tombe quelquefois la multitude, d'honorer ceux qui font le plus de bruit et savent le moins.

Les hommes d'un grand savoir ne manquent pas à notre siècle ; mais les savants superficiels prédominent d'une manière déplorable : évitez d'être classé parmi eux ; évitez-le, non par orgueil, mais par le sentiment du devoir, par amour de la patrie, par un respect profond pour l'âme humaine que le Créateur vous a donnée.

Si vous ne pouvez approfondir toute les sciences, glissez légèrement sur quelques-unes, afin d'acquérir au moins les connaissances qu'il n'est pas permis d'ignorer. Mais parmi ces différentes études qu'une seule fixe votre goût, que votre esprit s'y concentre pour ne demeurer en arrière de personne.

Voici en outre un excellent conseil de Sénèque :

« Voulez-vous que la lecture laisse une impression durable, bornez-vous à quelques auteurs d'un jugement sain, et nourrissez-vous de leur substance. Etre partout c'est n'être nulle part. Une vie qu'on passe à voyager nous fait connaître beaucoup d'hôtes, peu d'amis ; et il en est de même de ces lecteurs avides qui ne préférant aucun livre en dévorent des milliers. »

Quelle que soit l'étude que vous cultivez de préférence, gardez-vous de concevoir pour votre science une telle admiration qu'elle vous fasse mépriser toutes celles que vous n'aurez pas eu le temps d'étudier.

Les vaines attaques de certains poètes contre la prose, de certains prosateurs contre la poésie, des naturalistes contre les métaphysiciens, des métaphysiciens contre ceux qui ne le sont pas, *et vice versa*, ne sont qu'une puérilité. Toutes les sciences, tous les arts, tous les moyens de trouver et de faire sentir le vrai et le beau ont droit à l'estime de la société, et premièrement de l'homme instruit.

Il n'est pas vrai que les sciences exactes et la poésie s'excluent mutuellement. Buffon était un grand naturaliste, et son style brille d'une couleur admirable de poésie. Marcheroni fut bon poète et bon mathématicien.

En cultivant la poésie et les autres sciences du beau, évitez d'enlever à votre esprit la faculté de s'appliquer froidement à un calcul ou à des œuvres de raisonnement. Si l'aigle disait : « Ma nature est de voler, je ne puis considérer les objets qu'en volant, » l'aigle serait ridicule : combien il peut considérer d'objets les ailes ployées.

Comme aussi, d'un autre côté, que le calme nécessaire aux études d'observation ne vous accoutume pas à croire que l'homme est parfait lorsqu'il est parvenu à éteindre en lui tout éclair d'imagination, lorsqu'il a étouffé en lui tout sentiment poétique : ce sentiment, lorsqu'il est contenu, au lieu d'affaiblir la raison lui donne souvent une plus grande énergie.

Dans vos études, comme dans la politique, méfiez-vous des partis et de leurs systèmes. Examinez ceux-ci pour les connaître, les comparer avec d'autres et les juger, non pour être leur esclave. A quoi aboutirent ces discussions passionnées entre les partisans et les détracteurs de Platon, d'Aristote et d'autres philosophes, ou bien celles entre les partisans du Tasse et de l'Arioste ? Ces maîtres, tour à tour déifiés ou dépréciés, sont restés ce qu'ils étaient, des génies, non plus divins que médiocres. Pour ceux

qui prirent tant de peine à les peser dans de fausses balances, on s'en moque, et ils furent inutiles à ce monde qu'ils avaient étourdi.

Dans toutes les études que vous entreprendrez,
cherchez à unir la pénétration de l'esprit au calme
de son jugement, la vigueur de la synthèse à la
patience de l'analyse, mais surtout la résolution
de ne pas vous rebuter par les obstacles et celle
de ne pas tirer vanité du succès; c'est-à-dire de
rechercher la science comme Dieu le permet,
avec ardeur, mais sans orgueil.

CHAPITRE XV

Choix d'un état

Le choix d'un état est d'une extrême importance. Nos pères disaient que pour le bien faire
il fallait avoir recours à l'inspiration de Dieu.
Je ne sais si nous pouvons mieux dire aujour-
d'hui. Réfléchissez avec une religieuse attention

à l'avenir que vous vous tracez d'avance parmi les hommes, et priez.

Après avoir entendu dans votre cœur la voix de Dieu vous dire, non pas un jour seulement, mais des semaines entières, des mois entiers, et toujours avec une plus grande force de persuasion : « Voici l'état que tu dois suivre, » obéissez à cette voix avec une fermeté constante et résolue ; entrez dans cette carrière, marchez en avant, mais en y apportant les vertus qu'elle réclame.

Au moyen de ces vertus toute profession est excellente pour celui qui s'y dévoue. Le sacerdoce, qui effraye celui qui l'embrasse légèrement et l'âme avide de distractions, n'est que délices et honneur pour l'homme pieux et recueilli. La vie monastique elle-même, que beaucoup de personnes dans le monde regardent, les unes comme insupportable, les autres comme digne de mépris, n'est que délices et honneur pour le philosophe religieux qui ne se croit pas inutile à la société en exerçant sa charité au profit d'un petit nombre de moines ou de quelques pauvres laboureurs. La toge, que quelques personnes trouvent si lourde à porter, à cause des devoirs si étendus qu'elle impose, plaît à l'esprit de l'homme entraîné à défendre les droits de ses semblables. Le noble métier des armes a un charme infini pour tout cœur qu'anime le courage et à qui rien ne paraît plus beau que d'exposer ses jours pour la patrie.

Chose admirable ! toutes les professions, depuis les plus élevées jusqu'à celle de l'humble artisan, ont leur douceur et une véritable dignité ; il ne faut pour cela que vouloir nourrir en nous la vertu qui convient à chaque profession.

Ce n'est que parce que bien peu nourrissent cette vertu qu'on entend tant de personnes maudire la profession qu'elles ont choisie.

Pour vous, lorsque vous aurez prudemment fait choix d'une carrière, n'imitez pas les personnes qui se lamentent éternellement. Ne vous laissez pas troubler de vains regrets d'un désir de changement : tout chemin dans la vie a ses épines. Avez-vous mis le pied dans l'un, persévérez : reculer, c'est lâcheté. Il est toujours beau de persévérer, excepté pour le mal. Il n'y a que celui qui sait persévérer dans son entreprise qui puisse espérer de devenir un homme distingué.

CHAPITRE XVI

Mettre un frein aux inquiétudes d'esprit

Beaucoup persévèrent dans la condition qu'ils ont choisie, et s'y attachent ; mais ils s'irritent de voir qu'une autre profession rapporte à d'autres plus d'honneur ou une plus grande fortune ; ils s'irritent, parce qu'il leur semble qu'ils ne sont pas suffisamment estimés et récompensés ; ils s'irritent, parce qu'ils ont trop de concurrents, et que tous ne consentent pas à rester au dessous d'eux.

Chassez loin de vous de semblables inquiétudes ; qui se laisse dominer par elles a perdu sur la terre une partie de son bonheur. Orgueilleux, et parfois ridicule, il s'estime lui-même plus qu'il ne le mérite ; et devenu injuste, il estime moins qu'il ne doit ceux à qui il porte envie.

Certainement dans la société humaine le mérite n'est pas toujours récompensé avec une juste proportion. Tel qui travaille d'une façon supérieure a souvent une modestie qui l'empêche de le faire connaître ; et souvent il lui arrive d'être effacé ou rabaissé par de médiocres intrigants, qui s'efforcent de parvenir avant lui à la fortune. Le monde est ainsi fait, et sur ce point on ne doit pas espérer de le voir changer.

Il vous reste donc à subir de bonne grâce cette nécessité, à vous y résigner. Imprimez-vous bien dans l'esprit cette vérité : l'important n'est pas d'obtenir, mais de mériter les récompenses des hommes ; si votre mérite est récompensé, tant mieux ; sinon, conservez-le sans en attendre aucun prix : il en sera plus grand.

La société serait moins vicieuse si chacun s'efforçait de mettre un frein à ses inquiétudes, à son ambition, non pas en négligeant d'augmenter sa fortune, en s'abandonnant à la paresse, à l'apathie : ce serait là un autre excès ; mais en se

créant une noble ambition, nullement impatiente
et envieuse, mais en s'arrêtant aux limites qu'on
sait ne pouvoir franchir, et se disant :

Si je n'arrive point à cette haute position dont
je me croyais digne, dans la condition inférieure
où je reste je suis toujours le même homme, et
j'ai au fond la même valeur.

Un homme n'est excusable de faire tant d'efforts pour être payé de ses œuvres qu'autant qu'il
s'inquiète du nécessaire pour lui et pour sa
famille. Au delà du nécessaire tout accroissement
de fortune peut être recherché, mais ne doit être
désiré qu'avec la plus grande modération. S'il
vient, que Dieu soit béni ! ce sera un moyen de
rendre notre vie plus douce et de secourir les
autres, s'il ne vient pas, Dieu soit béni ! on peut
vivre dignement sans jouir de tant de douceurs ;
et quand il nous est impossible de secourir autrui,
notre conscience ne nous en fait pas de reproches.

Faites tout ce qui dépendra de vous pour être
un citoyen utile, pour engager les autres à vous
imiter ; et puis laissez aller les choses comme
elles vont. Gémissez sur les injustices, sur les

malheurs dont vous êtes le témoin, sans vous changer pour cela en ours, sans tomber dans la misanthropie, ou, ce qui serait pis encore, dans cette fausse philanthropie qui, sous le prétexte du bien des hommes, est consumée de la soif du sang, et rêve, — le bel édifice! — la destruction, comme Satan rêve la mort.

Celui qui hait toute réforme possible des abus de la société est un criminel ou un insensé; mais celui qui pour la favoriser ne craint pas de verser le sang est peut être plus criminel et plus insensé.

Sans le calme de l'âme la plupart des jugements humains sont faux et menteurs. Il n'y a que le calme de l'âme pour vous rendre patient dans la souffrance, patient dans vos entreprises, juste, indulgent, bienveillant pour tout le monde.

CHAPITRE XVII

Repentir, et retour au bien

En vous recommandant de chasser l'inquié-
tude de votre esprit, je vous ai dit que vous ne
deviez pas ralentir votre zèle, et surtout ralentir
'e zèle qui vous porte à devenir meilleur.

L'homme qui dit : Mon éducation morale est
faite et mes œuvres l'ont affermie, se trompe,
Nous devons toujours nous proposer une règle
pour le présent et pour l'avenir. Nous devons
sans cesse tenir notre vertu en éveil par un con-
tinuel exercice. Nous devons toujours être atten-
tifs à nos fautes et nous en repentir.

Oui, nous en repentir; rien de plus vrai que
ces paroles de l'Eglise, — que notre vie doit être
toute de repentir, d'efforts pour nous corriger.
— Le christianisme n'est pas autre chose; et

Voltaire lui-même, dans un de ces moments où il n'était pas dévoré du besoin de le diffamer, a écrit :

« La confession est une chose excellente par elle-même ; c'est un frein pour le crime inventé dans l'antiquité la plus reculée. La confession était en usage dans la célébration de tous les mystères antiques. Nous avons imité et sanctifié cette sage coutume ; elle est très efficace pour ramener les âmes ulcérées de la haine au pardon. » (Volt., *Dict. encycl.*, III.)

Ce dont Voltaire a osé convenir ici, il serait honteux de ne pas le sentir quand on s'honore d'être chrétien. Prêtons l'oreille à la voix de notre conscience ; rougissons des actes qu'elle réprouve ; confessons-nous pour nous en laver, et ne cessons jusqu'à la fin de nos jours d'user de cette sainte purification. Si l'on n'accomplit point ce devoir avec une trop grande tiédeur de volonté, si on ne condamne pas seulement du bout des lèvres les fautes qu'on accuse, si à ce repentir on joint un véritable désir de se corriger, (on peut, si ou veut, s'en moquer,) mais rien n'est plus précieux, plus moral plus digne de l'homme.

Quand vous reconnaîtrez en vous-même d'avoir commis une faute, n'hésitez pas à la réparer ; vous n'aurez la conscience tranquille qu'après l'avoir réparée : le retard qu'on met à cette réparation enchaîne l'âme à ce qui est mal par des liens de plus en plus étroits, et l'habitude à ne pas s'estimer. Malheur à l'homme qui cesse de s'estimer intérieurement ! Malheur à lui si, feignant de s'estimer, sa conscience sent en elle une corruption qui ne devrait pas y être ! Malheur à lui si, corrompu, il croit qu'il n'y a qu'à dissimuler : il est déchu du rang des êtres nobles ; c'est un astre tombe, un malheur de la création !

Si quelque jeune effronté vous accuse de faiblesse parce que vous refusez ainsi que lui de manquer à vos devoirs de chrétien, répondez-lui qu'il y a plus de force à résister au vice qu'à s'en laisser entraîner ; répondez-lui que l'arrogance du pécheur est un faux courage, puisqu'au lit de mort il la perd, pour peu qu'il conserve sa raison ; repondez-lui que le courage que vous ambitionnez est précisément celui qui dédaigne la raillerie, lorsqu'il veut quitter le chemin du vice pour entrer dans celui de la vertu.

Si vous avez commis une faute, ne mentez jamais pour la nier ou pour l'atténuer. Le mensonge est une honteuse faiblesse. Reconnaissez que vous avez failli ; il y a en cela une certaine grandeur, et la peine que vous fera cet aveu vous méritera l'approbation des gens de bien.

S'il vous arrive d'offenser quelqu'un, ayez la noble humilité de lui demander pardon. Comme toute votre conduite prouvera que vous n'êtes pas un lâche, personne ne sera tenté pour cela de vous traiter de lâche ; persister dans l'insulte, et, plutôt que de la rétracter noblement, accepter un duel ou une haine éternelle, est une fanfaronnade d'orgueil et de cruauté, et une infamie qu'on s'efforce en vain de couvrir du nom brillant d'honneur.

Il n'y a d'honneur que dans la vertu, et il n'y a de vertu qu'à la condition de se repentir du mal qu'on a fait et de chercher à le réparer.

CHAPITRE XVIII

Célibat

Lorsque parmi les carrières que vous offre la société vous aurez choisi celle qui vous convient, et croirez avoir donné à votre caractère assez de fermeté dans les bonnes habitudes pour être vraiment un homme, alors, et pas avant, si vous désirez vous marier, appliquez-vous à choisir une femme qui mérite votre amour.

Mais avant de quitter le célibat, réfléchissez bien si vous ne devez pas le préférer.

Dans le cas où vous n'auriez pu dompter votre penchant à la colère, à la jalousie, au soupçon, à l'impatience, à la domination, de manière à pouvoir espérer d'être agréable à votre compagne, ayez la force de renoncer aux douceurs du mariage : en prenant une femme vous la rendriez malheureuse, et vous vous rendriez vous-même malheureux.

Dans le cas où vous ne trouveriez pas une personne douée de toutes les qualités que vous croirez nécessaires pour qu'elle fasse votre bonheur et mette en vous tout son amour, résistez au désir de prendre une femme. Votre devoir est de ne pas vous marier plutôt que de jurer un amour que vous n'auriez pas.

Mais, soit que vous ne fassiez que prolonger le célibat, soit que vous y demeuriez toujours, honorez-le par les vertus qu'il prescrit, et sachez en apprécier les avantages.

Oui, il a ses avantages. Dans quelque condition que l'homme se trouve, il doit en reconnaître et apprecier les avantages; autrement, il se croira malheureux, et rabaissera et détruira en lui la force d'agir avec dignité.

L'affectation de paraître indigné des désordres qu'on voit dans la société, et peut être aussi cette pensée qu'il est bon de les exagérer pour les corriger, porte souvent des hommes d'une faconde véhémente à diriger l'attention publique sur les scandales que donnent beaucoup de célibataires, et à proclamer que le célibat est contre nature, qu'il est une des causes les plus actives de la dépravation des peuples.

Ne vous laissez pas influencer par ces déclamations exagérées. Trop souvent le célibat a produit des scandales ; mais les bras et les jambes des hommes leur servent souvent à se donner des coups de pieds et des coups de poings, ce n'est pas une raison pour que les bras et les jambes soient une chose détestable.

Ceux qui accumulent tant de considérations sur l'immoralité prétendue nécessaire du célibat devraient aussi énumérer les maux qu'entraîne un mariage sans inclination.

Après la courte ivresse du mariage vient l'ennui, vient le désespoir de n'être plus libre. On s'aperçoit alors qu'on s'est trop hâté de choisir, que les caractères ne s'accordent pas. De ces regrets des deux époux, ou seulement de l'un des deux, proviennent le manque d'égards, les offenses, les amertumes si cruelles de chaque jour. La femme, l'être des deux le plus faible et le plus généreux, est généralement la victime de ce triste désaccord ; elle en souffre jusqu'à mourir, et ce

qui est pis encore, elle ment à sa nature, elle
perd sa bonté ; elle contracte des attachements
où elle croit trouver une compensation à l'amour
conjugal, et qui ne lui apportent que honte et
remords. De ces mariages formés sous de si tristes auspices naissent des enfants qui pour premier
exemple ont la mauvaise conduite du père ou de
la mère, ou de l'un et de l'autre en même temps,
des enfants que par cela même on n'aime point,
dont on soigne peu l'éducation, ou qu'on néglige
entièrement ; des enfants sans respect pour leurs
parents, sans tendresse pour leurs frères, étran-
gers aux vertus domestiques, lesquelles sont le
fondement des vertus civiles.

Toutes ces choses arrivent si fréquemment,
qu'il suffit d'ouvrir les yeux pour les voir. Personne ne me dira que j'exagère.

Je ne conteste point les peines du célibat ; mais
quiconque réfléchit à celles dont je viens de parler
n'en sera pas certainement moins touché, et dira
avec moi d'une infinité de maris : « Ah ! pourquoi
ont-ils prononcé ce fatal serment ! »

La majeure partie des hommes est appelée au
mariage, mais le célibat n'en est pas moins dans

la nature. Regretter que tout le monde ne se fatigue pas à procréer est une chose ridicule. Le célibat, quand on s'y tient pour des raisons solides et qu'on le garde honorablement, n'a rien que de noble ; il est même digne de respect, comme toute espèce de sacrifice raisonnable fait à bonne intention. En nous épargnant l'entretien d'une famille, il donne à ceux-ci plus de temps ou une plus grande énergie pour se livrer à de profondes études ou à quelque sublime ministère de la religion ; il donne à ceux-là plus de moyens d'être utiles à ceux de leurs parents qui peuvent avoir besoin de leur aide ; il laisse à d'autres une affection plus libre pour se répandre sur beaucoup de pauvres. Est-ce que tout cela n'est pas un bien ?

Ces réflexions ne sont pas inutiles : pour quitter le célibat ou pour y rester il faut savoir ce qu'on quitte ou ce qu'on garde. Les déclamations qui ne sont pas impartiales faussent le jugement.

CHAPITRE XXIV

**Amour paternel ; amour de l'enfance
et de la jeunesse**

Donner à la patrie de bons citoyens, donner à
Dieu, lui-même, des âmes dignes de lui, telle
sera votre mission si vous avez des enfants ; mission sublime ! Celui qui l'accepte et qui la trahit
est le plus grand ennemi de la patrie et de Dieu.

Je n'ai pas besoin de vous dire qu'elles sont
les vertus d'un père, vous les aurez toutes si vous
avez été bon fils et bon mari. Toujours les mauvais pères furent des fils ingrats et des maris sans
moralité.

Mais avant que vous ayez des enfants, et lors
même que vous ne devriez jamais en avoir, ajoutez
à la noblesse de votre âme par ce doux sentiment
de l'amour paternel ; tout homme doit le nourrir

en lui par une bienveillance qui s'adresse à tous les enfants, à tous les jeunes gens.

Témoignez un grand amour à cette nouvelle génération, témoignez-lui un grand respect.

Quiconque manque de respect ou d'amour pour l'enfance est méchant ou le deviendra. L'homme qui n'est pas très attentif à respecter l'innocence d'un enfant, à ne pas lui donner l'idée du mal, à ce qu'un autre ne la lui donne pas, à faire en sorte qu'il n'ait d'autre passion que celle de la vertu, si cet enfant devient un monstre, peut avoir à se le reprocher. — Mais pourquoi substituer de moins fortes paroles aux saintes et terribles qu'a prononcées l'adorable ami des petits enfants, le Rédempteur? — « Quiconque, dit-il, accueille en mon nom un de ces petits enfants m'accueille moi-même; mais quiconque aussi scandalise une de ces petites créatures qui croient en moi, il vaudrait mieux qu'on lui eut attaché une pierre au cou, et qu'on l'eût jeté au fond de la mer. »

Regardez comme vos enfants ceux dont l'âge s'éloigne du vôtre d'un grand nombre d'années et sur qui pour cette raison votre exemple et vos discours peuvent avoir autorité; traitez-les avec ce mélange de sévérité et de douceur qui est propre à les détourner du mal et à les exciter au bien.

L'enfance est naturellement portée à l'imitation; si les jeunes gens qui ont coutume de vivre avec un enfant sont pieux, réservés, aimables, l'enfant sera jaloux d'être tel, il le sera; et si ces jeunes gens sont irréligieux, sans retenue, malveillants, l'enfant sera mauvais comme eux.

Montrez-vous bon, même avec les enfants et les jeunes gens que vous ne voyez pas habituellement et à qui peut-être vous ne parlerez qu'une fois en votre vie, dites-leur, si vous en trouvez l'occasion, un de ces mots féconds en vertus; ce regard empreint d'honnêteté pourra les arracher à un vil penchant, pourra leur faire vouloir mériter l'estime des gens de bien.

Si un jeune homme de belle espérance place en vous sa confiance, soyez pour lui un ami généreux; secondez-le par des conseils pleins de force et de droiture; ne le flattez jamais, applaudissez à ce qu'il aura fait de louable, mais sachez par un blâme sévère le préserver de toute action répréhensible.

Si vous voyez un jeune homme commencer à se corrompre, lors même que vous n'auriez aucune part à son intimité, ne dédaignez pas, si l'occasion se présente, de lui tendre la main pour le sauver. Souvent ce jeune homme qui prend la mauvaise route n'aurait besoin que d'une parole, du moindre avertissement, pour rougir de lui-même et reprendre la bonne voie.

Quelle sera l'éducation morale que vous donnerez à vos enfants ? vous ne sauriez le comprendre si vous n'avez pas rendu la vôtre supérieure ; faites-la, et vous la donnerez comme vous l'aurez faite.

CHAPITRE XXV

Des richesses

La religion et la philosophie s'accordent à louer la pauvreté quand elle est vertueuse, et la préfèrent de beaucoup à un amour insatiable des richesses. Elles n'en conviennent pas moins qu'un homme peut être riche et posséder un mérite égal à celui des pauvres les plus honnêtes.

Il n'a besoin pour cela que de ne pas être l'esclave de ses richesses, ne pas les rechercher ou les conserver pour en faire un mauvais usage, n'avoir, au contraire, d'autre pensée que d'en user au profit de ses semblables.

Honneur à toutes les conditions honnêtes de l'humanité, et par conséquent aux riches, à la condition qu'ils rendent leur propriété utile à plusieurs, à la condition qu'ils ne puisent pas dans le plaisir et le luxe la mollesse et l'orgueil.

Vous demeurerez vraisemblablement dans la condition où vous êtes né : loin d'une grande opulence, comme de la pauvreté. Ne souffrez jamais en vous cette basse envie qui ronge les gens de fortune médiocre, et les pauvres à l'encontre des riches. Cette envie prend d'ordinaire le grave langage de la philosophie. Ce sont des déclamations passionnées contre le luxe, contre l'injuste inégalité des fortunes, contre l'insolence des heureux et des puissants ; c'est en apparence un besoin magnanime d'égalité, de soulager les maux, si nombreux, de l'humanité. Que tout cela ne vous abuse point, quoique vous l'entendiez répéter par des gens de quelque valeur ou le lisiez dans une foule d'écrivains éloquents, qui en louant la multitude cherchent à s'en faire applaudir. Dans toutes ces colères il y a plus d'envie, d'ignorance ou de calomnie que de zèle pour la justice.

L'inégalité des fortunes est inévitable, et il en résulte des biens et des maux. Tel qui maltraite si fort le riche se mettrait volontiers à sa place, autant vaut laisser dans l'opulence celui qui s'y trouve. Il y a très peu de riches qui ne dépensent pas leur revenu, et en le dépensant, tous contribuent avec plus ou moins de mérite, et souvent sans aucun mérite, au bien général.

Ils entretiennent le mouvement du commerce, le perfectionnement du goût, la culture des arts, les espérances si vastes de ceux qui par l'industrie veulent sortir de la pauvreté.

Ne voir en eux qu'oisiveté, mollesse, inutilité, est une sottise, une dérision. Si l'or engourdit les uns, il porte les autres à des actions louables. Il n'est point dans le monde une ville habitée où les riches n'aient fondé et n'entretiennent de vastes établissements de bienfaisance; il n'est point de pays où, individuellement ou associés, ils ne soient les soutiens du malheureux.

Regardez-les donc sans colère comme sans envie, et ne répétez pas les calomnies de la foule. Ne soyez à leur égard ni méprisant, ni servile, de même que vous seriez fâché de trouver du mépris ou de la servilité en un moins riche que vous.

Soyez sagement économe des ressources de votre patrimoine. Fuyez également l'avarice, qui endurcit le cœur et gâte l'intelligence, et la prodigalité, qui oblige à de honteux emprunts et à des efforts peu louables.

Chercher à augmenter sa fortune est chose permise, mais sans une épargne honteuse, sans un empressement coupable, sans oublier que le véritable honneur et la véritable félicité ne dépendent pas des richesses, mais de la noblesse du cœur devant Dieu et devant les hommes.

Si votre fortune augmente, que votre bienfaisance augmente en proportion : on peut être riche et posséder toutes les vertus, mais un riche égoïste est un vrai coupable. Qui a beaucoup doit donner beaucoup ; rien ne dispense de ce devoir sacré.

Ne refusez pas votre aide au mendiant ; mais que là ne se borne pas votre aumône. L'aumône intelligente et efficace est celle qui procure aux pauvres des moyens de vivre plus honnêtes que la mendicité, celle qui donne aux diverses professions libérales ou communes du travail et du pain.

Songez quelquefois que des événements im-
prévus pourraient vous dépouiller de l'héritage
de vos pères et vous jeter dans la détresse; vous
n'avez été que trop souvent témoin de pareils
renversements ; aucun riche ne peut dire : — Je
ne mourrai ni dans l'exil ni dans le malheur.

Jouissez de vos richesses sans en être dépen-
dant, avec cette indépendance que les philosophes
de l'Eglise nomment, d'après l'Evangile, pauvreté d'esprit.

Voltaire, dans un de ses jours de moquerie, a
feint de croire que cette pauvreté d'esprit recom-
mandée par l'Evangile était sottise ; mais, au contraire, elle est la force de conserver, même au
sein des richesses, un cœur humble et ami de la
pauvreté, capable de la respecter en autrui ; force
qui demande tout autre chose que la sottise, force
qui ne peut résulter que d'un esprit sage et élevé.

« Voulez-vous exercer votre âme, dit Sénèque, vivez pauvre ou comme si vous étiez pauvre. »

Dans le cas où vous tomberiez dans la misère,
ne perdez point courage ; travaillez pour vivre et
sans en être honteux. L'homme qui a besoin peut
être aussi estimable que celui qui lui vient en

aide. Mais alors sachez renoncer de bonne grâce aux habitudes de la richesse ; ne donnez point le ridicule et misérable spectacle du pauvre orgueilleux, refusant de pratiquer les vertus qui çonviennent le mieux à la pauvreté ; une noble humilité, une économie sévère, une patience invincible dans le travail, une aimable sérénité d'âme malgré les rigueurs de la fortune.

CHAPITRE XXVI

Respect à l'infortune. Bienfaisance

Honneur à toutes les conditions honnêtes de l'humanité, et par conséquent aux pauvres, à la condition qu'ils se serviront de leur infortune pour se rendre meilleurs, à la condition qu'ils ne croiront pas que parce qu'ils souffrent il leur est permis d'avoir des vices et d'être malveillants.

Toutefois, ne les jugeons pas avec trop de rigueur ; ayez même pitié de ces pauvres que dominent quelquefois l'impatience et la colère. Songez combien il est cruel de souffrir tant de misères sur un chemin ou dans une misérable cabane, tandis que tout près de celui qui souffre passent des hommes bien vêtus et bien nourris ; pardonnez-lui s'il n'a pu s'empêcher de vous regarder d'un œil d'envie ; secourez sa détresse, car il est homme.

Respectez le malheur dans tous ceux qui en souffrent les atteintes, lors même qu'ils ne seraient pas tombés au dernier degré de l'indigence, lors même qu'ils ne vous demanderaient aucun secours.

Quiconque vit dans la peine et le labeur, et dans un état qui le place au dessous de vous, mérite de votre part une compassion bienveillante ; ne lui faites pas sentir par des manières hautaines la différence de votre position, ne l'humiliez pas par un langage offensant, lors même qu'il vous déplairait par son impolitesse ou tout autre défaut.

Rien n'est consolant pour le malheureux

comme de se voir traiter avec de bienveillants
égards par ceux qui lui sont supérieurs ; son cœur
s'emplit de reconnaissance, et il comprend alors
pourquoi le riche est riche, et il lui pardonne sa
fortune, parce qu'il l'en juge digne.

Un maître dur et hautain ne manque jamais
d'être haï, quelque salaire qu'il donne à ses ser-
viteurs.

Il y a une grande immoralité à se faire haïr
de ses inférieurs, 1° parce qu'alors on est
méchant soi-même, 2° parce qu'au lieu de soulager leurs peines on les augmente, 3° parce
qu'on les accoutume à servir sans honnêteté, à
prendre en haine la dépendance, à maudire tous
ceux qui se trouvent placés au dessus d'eux ; et
comme il est juste que chacun jouisse en ce monde
de tout le bonheur possible, celui qui est dans
une position supérieure doit travailler à ce que
son inférieur ne trouve pas sa condition insupportable, mais qu'il l'aime, au contraire, la
voyant estimée et comblée des bienfaits du
riche.

Soyez prodigue de secours de tous genres
pour qui en a besoin : — d'argent et de protec-

tion quand vous le pourrez, — de conseils quand l'occasion s'en présente, — de bons pro-'cédés et de bons exemples toujours.

Mais surtout si vous voyez le mérite oublié, ne négligez rien pour chercher du moins à le consoler, à lui rendre honneur.

Rougir de paraître estimer l'honnête homme malheureux est la plus indigne des lâchetés : elle n'est que trop commune : évitez d'autant plus de vous en laisser jamais souiller.

Lorsqu'un homme est malheureux, le plus grand nombre est porté à lui donner tort, à supposer que ses ennemis ont de bonnes raisons pour l'injurier et l'accabler. Si ces derniers inventent une calomnie pour se justifier et le déshonorer, cette calomnie a beau être invraisemblable, on se plaît à la croire et à la répéter. Les quelques personnes qui s'efforcent de la détruire sont rarement écoutées ; on dirait que la plupart des hommes sont heureux lorsqu'ils peuvent croire au mal.

Ayez horreur de ce déplorable penchant. Partout où l'accusation retentit, sachez aussi entendre la défense ; et si l'excuse manque, soyez vous-même assez généreux pour en supposer quelqu'une. Ne croyez au mal qu'autant qu'il est manifeste ' mais prenez garde que tout ceux qui ont la haine dans le cœur ne proclament manifeste une faute qui ne l'est pas. Si vous voulez être juste, n'ayez point de haine. La justice de la haine est comme la fureur des Pharisiens.

Du moment que le malheur a frappé quelqu'un, eût-il été votre ennemi, eût-il dévasté votre patrie, vous ne pouvez sans lâcheté contempler avec orgueil son infortune. Si les circonstances l'exigent, parlez de ses torts, mais avec moins d'aigreur qu'au temps de prospérité; parlez-en, au contraire, avec plus d'attention à ne pas les exagérer, à ne pas les séparer des qualités qui brillaient aussi dans cet homme.

Il est toujours beau de compatir aux malheureux, même aux coupables; la loi peut avoir le droit de les condamner, mais l'homme n'a pas le droit de se réjouir de leurs douleurs, de les représenter plus coupables qu'ils ne le sont réellement.

L'habitude de la commisération vous fera peut-être placer vos bienfaits sur des ingrats; ne prononcez jamais avec colère que tous les hommes sont ingrats, ne cessez pas d'être bon. Parmi une foule d'ingrats, il existe aussi un homme reconnaissant digne de vos bienfaits. Si vous n'aviez répandu vos bienfaits sur plusieurs ils ne seraient pas tombés sur celui-ci : les bénédictions de ce seul homme vous dédommageront de l'ingratitude de dix autres.

Je dis plus, ne dussiez-vous jamais rencontrer une âme reconnaissante, la bonté de votre cœur sera votre récompense. Il n'y a pas de plus grande satisfaction que d'être compatissant et de travailler à soulager le malheur d'autrui. Elle dépasse de beaucoup la satisfaction d'être secouru ; car il n'y a pas de vertu à être secouru, et il y en a beaucoup à secourir.

Apportez dans tous vos bienfaits une grande délicatesse, mais surtout avec les personnes qui ont droit au respect ; avec les femmes timides et honnêtes ; avec ceux qui commencent à peine ce cruel apprentissage de la pauvreté, et qui souvent dévorent leurs larmes en secret plutôt que de prononcer cette parole si poignante : *J'ai besoin de pain.*

Indépendamment de ce que vous donnez personnellement sans qu'une main sache ce que donne l'autre, comme dit l'Evangile, unissez-vous encore à d'autres âmes généreuses pour multiplier les moyens de venir en aide aux malheureux, pour fonder de bonnes institutions et maintenir celles qui existent.

Voici encore une parole de religion : *Providentes bona non tantum coram Deo, sed etiam coram omnibus hominibus (Epist. Pauli ad Rom., c. xii.)*

Il est des choses excellentes qu'un homme seul ne peut faire en secret. Aimez les sociétés de bienfaisance, et si vous en avez les moyens, propagez-les ; réveillez-les quand elles s'engourdissent, ramenez-les à leur objet quand elles s'en écartent ; ne vous laissez pas décourager par de sottes railleries que les avares et les oisifs n'épargnent jamais à ces âmes laborieuses qui se fatiguent pour l'humanité.

CHAPITRE XXVII

Estime du savoir

Lorsque votre emploi ou les soins domestiques ne vous laissent que peu de temps à donner
aux livres, défendez-vous d'un penchant vulgaire auquel ont coutume de céder ceux qui n'ont
que peu ou point étudié ; je veux dire de prendre en haine tout savoir qui leur manque ; de
sourire de tout homme qui attache un grand
prix à la culture de l'esprit, de prêcher l'ignorance comme si elle était un bien pour la
société.

Méprisez le faux savoir, il est dangereux ;
mais estimez le vrai savoir, qui est toujours
utile ; estimez-le, soit que vous le possédiez, soit
que vous n'ayez pu l'acquérir.

Travaillez toujours à faire quelques progrès,
ou en continuant à cultiver plus particulièrement
une science, ou du moins en lisant de bons livres
sur divers sujets. Cet exercice est essentiel dans
un homme haut placé, non seulement pour
l'honnête récréation et l'instruction qu'il peut en
retirer, mais parce que, se faisant par là une
réputation d'homme instruit et ami des lumières,
il aura plus d'influence sur les autres, pour les
engager à bien faire. L'envie n'est que trop portée à décrier l'homme droit. Si elle a quelque
raison ou prétexte de l'appeler ignorant, les meil-
leures choses qu'il fera seront vues par le vulgaire d'un mauvais œil, seront dénigrées, dé-
pouillées de toute autorité.

La cause de la religion, de l'honneur, de la
patrie, réclame des défenseurs armés premièrement d'intentions louables, ensuite de science
et de politesse. Malheur si les méchants peuvent
à bon droit dire aux gens de bien : — Vous n'a-
vez pas étudié, et vous n'avez rien d'aimable !

Mais, pour obtenir cette réputation de savoir,
ne simulez pas des connaissances que vous n'a-
vez point. Toutes les impostures sont honteuses,

toutes, jusqu'à la vanité de paraître savoir ce qu'on ne sait pas ; outre cela, il n'est pas d'imposteur dont le masque ne soit bientôt arraché, et alors c'est fait de lui.

Tout le prix que nous attachons au savoir ne doit pas cependant nous le faire adorer. Souhaitons-le pour nous et pour les autres ; mais s'il nous a été difficile d'en acquérir, consolons-nous, et montrons-nous franchement tels que nous sommes ; il est bon d'avoir beaucoup de connaissances ; mais en définitive ce qui vaut le mieux pour l'homme, c'est la vertu, et celle-ci par bonheur peut s'allier avec l'ignorance.

Ainsi, êtes-vous instruit, ne méprisez pas pour cela l'ignorance : le savoir est comme la richesse, on doit le désirer pour le rendre plus utile à ses semblables. Mais celui qui en manque, pouvant néanmoins être un bon citoyen, mérite d'être respecté.

Répandez des pensées pleines de lumières sur la classe peu instruite. Mais quelles seront ces pensées ? non celles qui rendent les hommes disputeurs, sentencieux, malveillants ; non ces déclamations outrées qui plaisent si fort dans le commun des drames et des romans, où toujours les hommes d'une condition inférieure sont représentés comme des héros, et les grands comme des scélérats ; où toute peinture de la société est faussée, pour la rendre odieuse ; où le savetier vertueux est celui qui parle insolemment à son maître, où le maître vertueux est celui qui épouse la fille du savetier ; où il n'est pas jusqu'aux brigands qu'on ne peigne admirablement, pour faire paraître odieux qui ne les admire pas.

Les pensées de lumière qu'il convient de répandre sur les ignorants des basses classes sont celles qui peuvent les préserver de l'erreur et de l'exagération, celle qui, sans vouloir en faire d'humbles adorateurs des hommes qui savent et peuvent plus qu'eux, éveillent en leurs âmes une noble disposition au respect, à la bienveillance, à la reconnaissance ; celles qui les éloignent des sottes et funestes pensées d'anarchie et de gouvernement populaire ; celles qui leur apprennent a remplir avec dignité et religion ces obscurs mais honnêtes emplois auxquels la Providence les a appelés ; celles qui leur persuadent que l'inégalité des conditions est inévitable, mais que

par la vertu nous devenons tous égaux dovant
Dieu.

CHAPITRE XXVIII

Affabilité

Soyez affable pour tous ceux qui auront affaire
avec vous ; cette affabilité, en vous suggérant des
manières bienveillantes, vous disposera à aimer
réellement.

Celui qui prend un air dur, soupçonneux,
méprisant, ouvre son âme à la malveillance.
L'impolitesse produit des maux qui sont graves ;
elle gâte le cœur de celui qui s'y abandonne, et
elle froisse ou humilie notre semblable.

Mais ne vous étudiez pas seulement à être
affable dans vos manières, que cette affabilité se

retrouve dans toutes pensées, dans tous vos désirs, dans tous vos sentiments.

L'homme qui ne travaille pas à chasser de son âme les viles pensées, et qui souvent les accueille, court grand risque d'être entraîné par elles à des actions blâmables.

On entend des hommes, qui pourtant ne sont point d'une classe inférieure, faire des plaisanteries grossières et tenir un langage inconvenant. Ne les imitez point. Que votre langage, sans avoir une élégance recherchée, soit cependant dépourvu de toute basse trivialité, de toute exclamation vulgaire, dont les gens sans éducation interrompent leurs discours, de toutes les mauvaises plaisanteries avec lesquelles trop souvent on offense les mœurs.

Mais cette délicatesse de langage doit nous préoccuper dès notre jeunesse : qui ne la possède pas avant l'âge de vingt-cinq ans ne l'acquerra jamais. Point d'élégance recherchée je vous le répète, mais des paroles honnêtes, élevées, inspirant à autrui une douce satisfaction; un sentiment de consolation, la bienveillance, l'amour de la vertu.

Ayez soin également que votre parler plaise
par un heureux choix d'expressions et les justes
intonations de la voix. Celui qui parle avec agré-
ment captive les personnes qui l'écoutent, et partant lorsqu'il sera question de les porter au bien
ou de les détourner du mal, il exercera sur elles
plus d'influence. Notre devoir est de perfection-
ner tous les instruments que Dieu nous a donnés
pour être utiles à nos semblables, et par conséquent le moyen de manifester nos pensées.

L'extrême négligence avec laquelle on parle,
on lit à haute voix, on se présente, on est assis,
provient moins souvent de l'impossibilité de
mieux faire que d'une honteuse insouciance : on
oublie que notre devoir est de tendre toujours à
la perfection, et ne ne jamais manquer envers
personne au respect qui lui est dû.

Mais en vous faisant à vous-même un devoir
de l'affabilité, et en vous souvenant que nous y
sommes obligés, parce que nous devons faire en
sorte que notre présence, au lieu d'être une
affliction pour personne, soit toujours un plaisir
et un bienfait, n'allez pas cependant vous emporter contre les gens sans éducation : songez que

les diamants sont quelquefois couverts de boue ;
sans doute il vaudrait mieux que la boue ne les
salît pas, mais au milieu de cette fange ce sont
toujours des diamants.

L'affabilité consiste, en grande partie, à supporter de pareils gens avec une patience infati-
gable, de même que cette multitude de sots et
d'ennuyeux. Quand on ne peut les servir en rien,
il est permis de les éviter, mais jamais de façon à
leur montrer qu'ils vous déplaisent : ce serait les
affliger et vous attirer leur inimitié.

CHAPITRE XXIX

Reconnaissance

Si nous ne devons avoir pour tous nos sem
blables que de bons sentiments et des manières

pleines de bienveillance, combien plus encore envers ces cœurs généreux qui nous ont donné des preuves d'amour, de compassion, d'indulgence !

A commencer par notre père, par notre mère, que personne étant venu généreusement à notre secours par ses conseils ou par ses actions, ne trouve en nous un cœur oublieux de ses bienfaits.

Pour d'autres, il nous est quelquefois permis d'être sévères dans nos jugements et avares de politesse ; mais à l'égard d'un bienfaiteur, nous ne pouvons sans crime négliger la plus petite attention de ne pas l'offenser, de ne pas lui causer la moindre peine, de ne porter aucune atteinte à sa renommée, de ne pas nous montrer toujours empressés à le défendre et à le consoler.

Beaucoup d'hommes, si leur bienfaiteur montre ou paraît avoir une trop haute idée du service qu'il leur a rendu, s'en offensent, comme d'un tort injurieux, et cherchent à y trouver un prétexte pour manquer à la reconnaissance qu'ils lui doivent ; beaucoup d'hommes, parce qu'ils ont la bassesse de rougir d'un bienfait reçu, sont ingénieux à supposer qu'on l'a fait par intérêt, par ostentation, par tout autre motif aussi indigne, et s'imaginent par là excuser leur ingratitude. Beaucoup d'hommes lorsqu'ils se sont élevés s'empressent de rendre un bienfait pour se déchargeı du poidş de la reconnaissance. Cela fait, ils croient pouvoir sans crime oublier tous les égards qu'elle leur impose.

Toutes les subtilités qu'on imagine pour justifier l'ingratitude sont vaines. L'ingrat est un homme vil. Pour ne pas tomber dans cette bassesse, il faut ne pas se montrer avare de reconnaissance ; il faut que le cœur en soit plein.

Si votre bienfaiteur s'enorgueillit des avantages que vous lui devez, s'ıl n'a pas pour vous la délicatesse que vous souhaiterièz, si on peut douter que ce ne soit pas uniquement par générosité qu'il vous a secouru, ce n'est pas à vous qu'il appartient de le condamner ; jetez un voile sur ses torts réels ou probables, et regardez seulement au bien qu'il vous a fait ; ne regardez que ce bien, quand même vous l'auriez rendu et même au centuple.

On peut quelquefois être reconnaissant et ne pas publier le bienfait reçu ; mais chaque fois que la conscience vous dit que vous devez le publier, qu'aucune mauvaise honte ne vous retienne. Confessez-vous l'obligé de l'honnête homme qui vous a tendu la main. Remercier sans témoin est souvent une ingratitude, a dit l'excellent moraliste Blanchard.

Il n'y a de bon que celui qui se montre reconnaissant, même des moindres bienfaits. La reconnaissance est l'âme de la religion, de l'amour filial, de l'amour pour ceux qui nous aiment, de l'amour pour la société humaine, à laquelle nous sommes redevables de tant de protections, de tant de douceurs.

En pratiquant cette reconnaissance pour tous les biens que nous recevons de Dieu et des hommes, nous acquerrons plus de force et de résignation pour supporter les maux de cette vie, et une plus grande disposition à l'indulgence et à venir en aide à nos semblables.

CHAPITRE XXX

Humilité, douceur, pardon

L'orgueil et la colère ne s'accordent pas avec l'affabilité, et partant celui-là n'est pas affable qui n'a pas contracté l'habitude de la douceur et de l'humilité. — S'il est un sentiment qui détruise le mépris insultant pour nos semblables, c'est assurément l'humilité ; le mépris vient de ce qu'on se compare aux autres, et qu'on se préfère à eux. Or comment ce sentiment pourrait-il jamais prendre racine dans un cœur accoutumé à considérer et à déplorer ses propes misères, à reconnaître que tout son mérite vient de Dieu, à reconnaître que si Dieu ne le retenait pas, il pourrait se laisser entrainer à toutes sortes d'excès.

Réprimez continuellement vos colères, ou

vous deviendrez dur et orgueilleux. S'il est permis quelquefois de s'emporter, cela n'arrive que dans des cas fort rares; celui qui le fait à tout propos couvre d'un zèle apparent sa propre méchanceté.

Ce défaut est horriblement commun; parlez à vingt personnes sans déguisement, vous en trouverez dix-neuf qui se soulageront à vous raconter ce qu'elles éprouvent contre tel ou tel de prétendue généreuse indignation. Toutes sembleront frémir de fureur contre l'iniquité, comme si dans le monde il n'y avait qu'eux seuls de justes. Le pays qu'ils habitent est toujours le pire de la terre; le temps où ils vivent est toujours le plus triste; les institutions qu'ils n'ont pas fondées sont toujours exécrables; celui qu'ils entendent parler de religion et de morale est toujours un hypocrite. Si un riche ne répand l'or à pleines mains, c'est toujours un avare. Si un pauvre souffre et demande, c'est toujours un dissipateur. S'il leur arrive d'obliger quelqu'un, c'est toujours un ingrat. Médire de tous ceux qui composent la société, moins par hasard de quelques amis, semble être en général un plaisir dont rien n'approche.

Et ce qu'il y a de pire est que cette colère, qu'on lance tantôt sur les absents, et qui tantôt retombe sur notre voisin, est toujours bien vue de celui qui n'en est pas l'objet immédiat. L'homme colère et frondeur passe aisément pour un homme de cœur, qui, s'il gouvernait le monde, serait un héros. L'homme doux, au contraire, est regardé le plus souvent d'un œil de mépris, comme un sot ou un lâche.

Ces vertus, l'humilité et la douceur, ne sont pas brillantes, mais tenez-vous-y ; car elles valent mieux que toutes les gloires. En général ces démonstrations d'orgueil et de colère ne prouvent qu'une chose, un manque d'amour et de véritable générosité, une ambition exclusive de paraître meilleur que les autres.

Prenez la résolution d'être humble et doux; mais sachez montrer que de votre part ce n'est ni sottise ni lâcheté ; et comment cela? en perdant quelquefois patience, en montrant les dents aux méchants, en flétrissant par la parole ou les écrits ceux dont la parole ou les écrits vous

ont calomnié? Non ; dédaignez de répondre à
vos calomniateurs ; et en dehors de quelques circonstances particulières, qu'il est impossible de
déterminer, ne perdez point patience avec les
méchants ; point de menaces, point d'invectives :
la douceur, quand elle est une vertu et non l'im-
puissance de sentir avec énergie, a toujours raison ; l'orgueil de notre ennemi en est plus humilié qu'il ne serait humilié des paroles les plus
empreintes de colère et de mépris.

Montrez en même temps que votre douceur
n'est ni sottise ni lâcheté, en restant toujours
digne en face des méchants, et refusant d'applaudir à leur iniquité, d'acheter leurs suffrages, de
vous départir de la religion et de l'honneur par
crainte de leur improbation.

Accoutumez-vous à l'idée d'avoir des ennemis,
sans en être effrayé : il n'est personne, pour peu
qu'il soit bienfaisant, sincère, inoffensif, qui n'en
compte plusieurs. Il est des malheureux dont la
haine fait tellement partie de leur nature, qu'ils
ne sauraient vivre sans lancer des sarcasmes et des
calomnies contre tout homme qui jouit de quelque
réputation.

Ayez le courage d'être doux et de pardonner
à ces malheureux qui déjà vous ont fait du mal ou
voudraient vous en faire ; pardonnez non pas sept
fois, a dit le Sauveur, mais soixante-dix fois sept
fois, c'est-à-dire sans fin.

Les duels et toutes les vengeances sont d'in
dignes égarements. La rancune est un mélange
d'orgueil et de bassesse ; en pardonnant l'offense
qu'on vous a faite, vous pouvez changer un ennemi en ami, ramener un homme égaré à de plus
nobles sentiments. Ah ! combien ce triomphe est
beau et consolant, combien il est plus glorieux
que toutes les affreuses violences de la ven-
geance !

Et si celui à qui vous avez pardonné son
offense était irréconciliable, vivait et mourait en
vous offensant, qu'avez-vous perdu à être bon ?
Ne vous êtes-vous pas procuré la plus grande
des jouissances, celle de demeurer magnanime ?

CHAPITRE XXXI

Courage

Toujours du courage ; il n'y a de vertu qu'à cette condition. Du courage pour vaincre votre égoïsme et devenir bienfaisant ; du courage pour vaincre votre paresse et avancer dans toutes les carrières honnêtes qu'ouvre l'étude ; du courage pour défendre la patrie et secourir votre semblable en toutes rencontres ; du courage pour résister au mauvais exemple et à l'inique raillerie ; du courage pour endurer et les maladies et les peines, et les angoisses de tous genres, sans de lâches lamentations ; du courage pour aspirer à une perfection qu'on ne peut atteindre sur la terre, mais à laquelle il faut aspirer, selon la parole sublime de l'Evangile, si nous ne voulons perdre toute grandeur d'âme.

Quelque précieux que vous soient votre patriotisme, votre honneur, votre vie, soyez toujours
prompt à tout sacrifier au devoir, s'il exige un
tel sacrifice. Sachons faire abnégation de nous-
mêmes, renoncer à tout bien terrestre plutôt que
de le conserver par l'injustice. — *Nemo enim
justus esse potest qui mortem, qui dolorem, qui
exilium, qui egestatem, aut qui ea quæ his
sunt contraria, æquitati ante ponit.* (Cic., *de
Off.*, lib. II, ch. xi.)

Vivre le cœur détaché de tout bien périssable
semble à quelques personnes un précepte trop
rude et qu'on ne saurait pratiquer. Il n'en est
pas moins vrai que si dans l'occasion on ne sait
pas se résigner à perdre ces biens, on ne saurait
ni vivre ni mourir dignement.

Le courage doit élever l'âme pour la porter à
toute espèce de vertu ; mais prenez garde qu'il
ne dégénère en orgueil et en cruauté.

Ceux qui croient ou feignent de croire que le
courage ne peut s'allier avec la douceur des sentiments, ceux qui se plaisent à faire des menaces
de rodomont, aux querelles ; ceux qui ont soif de
sang et de désordres, ceux-là abusent de la force

de bras et de volonté que Dieu leur avait donnée pour être utiles par leur exemple à la société ; et il arrive souvent que ces mêmes hommes sont les moins fermes dans un grand danger. Pour se sauver eux-mêmes ils trahiraient leur père et leurs frères. Dans une armée, les premiers à déserter sont ceux qui se moquent de la pâleur de leurs compagnons, et qui insultent grossièrement à l'ennemi.

CHAPITRE XXXII

Haute idée de la vie et force d'âme pour mourir

Beaucoup de livres parlent des devoirs moraux avec plus d'étendue et de recherche, je n'ai eu d'autre intention, mon ami, que de vous en offrir un résumé qui pût vous les rappeler tous en quelques mots.

J'ajoute maintenant : ne vous effrayez pas du poids de ces devoirs, il ne paraît insupportable qu'au cœur sans énergie ; ayons bon courage, et nous trouverons dans chaque devoir une mystérieuse beauté qui nous invitera à l'aimer, nous sentirons en nous une puissance inconnue qui augmentera nos forces. A mesure que nous avancerons dans le pénible sentier de la vertu, nous trouverons que l'homme est bien plus grand qu'il ne paraît, pour peu qu'il veuille et veuille énergiquement arriver au noble but de sa destinée, c'est-à-dire se purifier de tous ses vils penchants, de cultiver au plus haut degré les meilleurs, et par ainsi s'élever à l'éternelle possession de Dieu,

Aimez la vie, mais non pour des plaisirs vulgaires et de mesquines ambitions ; aimez-la pour ce qu'elle a de grave, de grand, de divin ; aimezla parce qu'elle est une sorte d'épreuve pour la vertu, chère au Tout-Puisant, glorieuse pour lui, glorieuse et nécessaire pour nous ; aimez-la, malgré ses douleurs et même pour ses douleurs, puisque ce sont elles qui en font le mérite, puisque ce sont elles qui font germer, croître, mûrir dans l'esprit de l'homme les grandes pensées et les sentiments généreux

Cette vie, qui mérite de votre part une si haute estime, rappelez-vous qu'elle ne vous a été donnée que pour peu de temps : ne la dissipez pas en frivoles divertissements. N'accordez au délassement que ce qu'il en faut pour votre santé, pour soulager autrui ; ou plutôt ne vous délassez qu'à faire de belles actions, c'est-à-dire à servir vos semblables avec la générosité d'un frère, à servir Dieu avec l'amour et la soumission d'un fils.

Et enfin en aimant la vie de cette manière pensez à la tombe qui vous attend ; se dissimuler qu'on doit mourir est une faiblesse qui diminue notre ferveur pour le bien. Ne hâtez pas par votre faute ce moment solennel, mais ne veuillez pas non plus l'éloigner par lâcheté ; exposez vos jours pour le salut d'autrui, s'il en est besoin, et surtout pour le salut de votre patrie ; quelque genre de mort qui vous soit réservé, soyez prêt à la recevoir avec courage et dignité, à la sanctifier par toute la sincérité et l'énergie de la foi.

En pratiquant tous ces devoirs, vous serez homme et citoyen, dans l'acception la plus élévée de ces deux mots ; vous serez utile à la société, et ferez votre propre bonheur.

FIN.

TABLE

—

FIN DE LA TABLE.

Limoges. — Imp. E. ARDANT et Cⁱᵉ.

Original en couleur

NF Z 43-120-8

D'UN RAJAH

OU LES

DISTRACTIONS DE NUSSIR-U-DEEN

SOUVERAIN DE LUKNOW

TRADUIT DE L'ANGLAIS

PAR BÉNÉDICT-HENRI RÉVOIL

LIMOGES

EUGÈNE ARDANT ET Cie, ÉDITEURS.

www.ingramcontent.com/pod-product-compliance
Lightning Source LLC
Chambersburg PA
CBHW070758290326
41931CB00011BA/2066